최병근 지음

ㅁ 가나북스

2016년 11월 30일 초판 발행
지은이 최병근
펴낸이 배수현
디자인 유재헌
홍 보 배성령
제 작 송재호
펴낸곳 가나북스 www.gnbooks.co.kr
출판등록 제393-2009-12호
전 화 031-408-8811(代)
팩 스 031-501-8811
ISBN 979-11-86562-46-8(03190)

· 가격은 뒤 표지에 있습니다.
· 이 책의 저작권은 가나북스에 있습니다. 이 책은 저작권법에 따라 보호를 받는 저작물이므로
  무단 전재 및 복제를 금하며 내용의 일부를 이용하려면 가나북스의 서면동의가 필요합니다.
· 잘못된 책은 구입하신 곳에서 교환해 드립니다.

퇴직은 새로운 기회다

세상에는 두 종류의 사람들이 있다. 낙관론자와 비관론자가 그것이다

낙관론자들은 어려움 속에서도 항상 기회를 찾으려 한다. 반면, 비관론자들은 기회가 와도 어려움만 찾으려고 한다. 당신은 어디에 속하는가?

지금이 오히려 지난 외환위기보다 경기가 더 좋지 않다.

어려운 경기 상황을 극복하기 위한 기업들 노력이 어느 때보다 더 필요하다. 기업들은 살아남기 위해 여러 방안을 강구한다. 하지만 이도저도 안되면 구조조정 명분으로 인원 정리의 수순을 밟는다. 기업들 입장에서는 부득이 한 강구책이지만, 구조조정 대상으로 선정된 사람들은 마른하늘에 날벼락을 맞는 꼴이다.

'난 아직 젊어. 설마 난 대상이 아닐 거야!' 또는 '내 업무는 아무나 할 수 없어. 설마 날 자르겠어!' 라는 생각을 할 수도 있다. 하지만 회사는 단연

코 당신 생각처럼 행동하지 않는다. 회사의 구조조정 대상기준은 나이, 업무는 중요한 고려대상이 아니다.

필자 역시 작년까지 이름만 들어도 알만한 대기업의 일원이었다. 어쩌면 당신보다 '퇴직'을 남의 일처럼 생각한 사람일지도 모르겠다. 그러나 막상 '퇴직'이 현실이 되었을 때, 너무 당황스럽고 황당하여 그야말로 백치가 되어버렸다

퇴직 후, 회사에 남은 후배들과 만나는 기회가 있었다. 그들은 이렇게 말했다.

"선배님! 선배님들 회사를 떠나고 더 힘들어졌어요. 솔직히 지금은 아니지만 남은 저희도 언제 회사를 떠나게 될지 늘 조마조마해요"

후배들 말을 들으며 마음이 아팠다. 결국 회사원은 언제나 '퇴직'이란 족쇄를 항상 갖고 가야 한다는 현실이 서글퍼졌다.

그래서 필자는 이 책을 쓰기로 결심했다. '퇴직'을 먼저 경험한 사람으로 조금 더 일찍 겪어야 했던 퇴직의 아픔과 퇴직자의 고통을 리얼하게 공유하고 아울러 퇴직 후 겪는 스트레스와 어려움을 이겨내고 다시 일어나기 위해 애쓴 과정과 새로운 꿈을 찾고 도전해간 이야기를 독자들과 나누기 위함이다.

서점에 가면 '퇴직' 관련 수많은 책들이 있다.

대부분 '퇴직 후, 재테크', '퇴직 후, 창업'을 다루고 있다. 아쉽게도 퇴직한지 얼마 안 된 분들, 퇴직을 앞둔 분들에게 공감과 도움을 드릴 수 있는 내용의 책은 찾기 어렵다.

이 책은 퇴직 당사자인 필자의 생생한 실제 이야기를 담았다. 그래서 '퇴직'을 다룬 다른 책과는 차별성이 있다.

1장에서 4장은 필자의 생생한 퇴직 스토리를

5장에서 7장은 새로 일어서기 위한 노력과 새로운 꿈에 대한 도전을 담았다.

8장은 재취업과 창업에 도전에 성공한 퇴직선배의 이야기를 인터뷰 형식으로 구성했다.

불교 가르침에 일수사견(一水四見)이라는 것이 있다.

같은 물이라도 그것을 보는 주체에 따라 전혀 다른 의미를 지닐 수 있다는 뜻이다. 필자는 '퇴직' 역시 마찬가지라 생각한다.

'퇴직'을 '은퇴'라 생각하지 말자.

누구나 원하지 않은 '퇴직'이지만 현실에 가까워졌다면 오히려 인생 2막의 새로운 출발로 삼을 수 있는 좋은 기회로 생각하자.

그것이 현명한 선택일 것이다.

퇴직을 앞둔 분들에게는 준비된 퇴직의 중요성을 깨닫는 책으로, 퇴직을 하신 분들은 다시 시작할 수 있는 용기를 드릴 수 있기를 진심으로 바란다.

글을 쓰면서 가장 큰 도움을 받은 사람은

바로 '나' 자신이었음을 고백하며.

2016.10.16. 최병근

목차

01장
회사를 너무 믿지마!

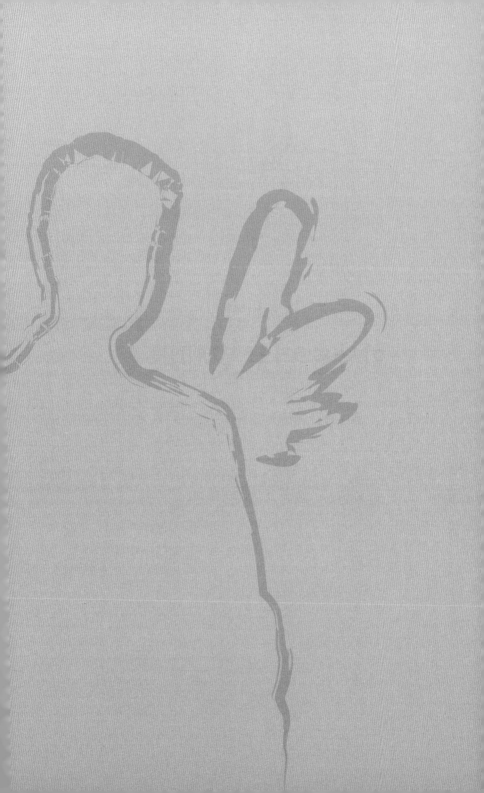

무너져버린 퇴직 순서

과거와 타인은 바꿀 수 없다. 그러나 지금부터 시작되는 미래와 나 자신은 바꿀 수 있다.

_ 심리학자 에릭 번

"정진우씨, 잠깐 회의실로 와 봐요. 나랑 잠깐 이야기 좀 해요."

"네~에, 팀장님 지금 바로요"

"그래요. 잠깐이면 되니까, 바로 오세요."

팀장의 갑작스런 호출에 정진우 대리는 의아해하며 회의실로 들어 갔다. 10분쯤 지나 정진우 대리의 얼굴은 마치 얼음물에서 막 나온 것처럼 하얀 백지장으로 변해 있었다. 회의실 안에서 정진우씨에게 팀장이 무슨 말을 한 것일까

회사의 상황은 더욱 악화되고 있었다. 전 직원이 모인 자리에서 사 장님께서는 굳은 표정으로 말했다.

"시장상황이 호전될 기미가 없어 회사는 현재 큰 어려움에 놓여 있

습니다.

이미 오래 전부터 '위기를 기회로 만들자'는 슬로건 아래 경영 위기 상황을 개선하기 위해 우리 모두 각고의 노력을 다하였습니다.

그럼에도 불구하고 보시는 것처럼, 계속 적자의 상황이 지속되고 있습니다.

이에 대하여 경영을 책임진 사람으로서 책임을 통감합니다.

회사는 이런 상황을 벗어나기 위해서 더욱 노력할 것입니다."

강당에 모여 사장님의 말씀을 듣고 있던 직원들은 회사 상황이 점점 나빠지는데 대한 걱정스런 마음이 들었다. 하지만 일부 직원들은 이런 생각도 하고 있었다.

'나하고 상관없어. 회사가 어려워져도 설마 급여를 주지 못할 정도는 아니겠지. 그래도 대한민국에서 대기업이라 불리는 회사인데!'

라고 생각하며 남의 집 불구경하는 듯 사장님의 설명을 듣는 둥 마는 둥 하였다.

뒤이어 나온 사장님의 일명 '언덕을 넘어가는 버스론'에 대한 말을 듣고, 갑자기 강당의 분위기는 확연히 달라졌다. 사장님이 내놓은 '언덕을 넘어가는 버스론'은 이런 내용이었다.

"우린 모두 '○○'이라는 버스를 타고 있는 사람들입니다.

버스가 평지를 달리고 있을 때, 우리는 버스가 잘 달리는 것에 만족을 하면서 갔습니다. 버스가 언덕을 올라가기 시작하면서, 버스가 제대로 나아가지 못하면 함께 타고 있는 우리는 모두 힘이 듭니다.

버스가 언덕에 올라 갈 수 있도록 모두 함께 노력을 합니다.

열심히 노력을 하였음에도 버스가 도저히 언덕을 올라가지 못한 상황이 되면, 부득이하게 버스에 함께 타고 있던 사람들 중 일부는 버스에서 내려야 할 것입니다.

그래야만 버스는 언덕을 무사히 통과 할 테니까요.

버스에 부득이하게 내려야 하는 사람이 누구일까요?

우선은 버스를 운전하고 있는 운전사와 차장이 될 것이고, 심지어는 승객들 일부도 포함될 수 있을 것입니다.

직원 여러분! 재차 부탁드립니다.

이러한 상황까지 발생되지 않도록 더욱 열심히 일 합시다.

주위를 둘러보고 낭비되는 것은 없는지, 어떻게 일해야 최고의 효율을 낼 수 있는지를 끊임없이 고민하고 행동해 주십시오.

여러분의 작은 노력이 이 험난한 상황을 뚫고 나갈 수 있는 힘이라는 사실을 항상 기억해주세요"

사장님의 설명이 끝나고 강당을 빠져 나오는 직원들은 끼리끼리 모여 사장님의 '언덕을 넘어가는 버스론'에 대해 이런저런 이야기들을 나누었다.

"방금 사장님 말씀은 구조조정을 할 수 있다는 거지"

"회사가 살기 위해서는 인원도 감축하겠다는 거 아냐"

직원들끼리 서로 자기 생각을 이야기 하였지만 각자 다시 자기 자리에 돌아가 일을 하기 시작했다. 어느새 사장님의 이야기도 잊어버렸다.

한 달 정도 지난 후, 모두가 설마 하던 인원 정리 계획이 현실로 나

타나기 시작하였다. 결국 회사는 살아남기 위한 방안으로 구조조정 명분하에 사람부터 감원하기로 결정을 하였던 것이다.

앞에서 이야기했던 정진우 대리 이야기로 돌아가 보자.

정진우 대리는 이제 입사한지 4년으로 얼마 전 사원에서 대리로 진급한 친구였다. 때문에 정진우 대리는 구조조정에 의해 회사를 떠나야 하는 대상이라고는 전혀 생각하지 않았다. 아직 자기보다 나이 많고 직급이 높은 선배들이 여러 명 있다는 것이 어쩌면 위안이 될 수 있는 상황이었다.

하지만 회사는 나이가 젊다고 직급이 낮다고 봐주지 않았다.

심지어 신입사원도 마찬가지였다. 회사가 정한 구조조정 대상 기준에 들어간 사람은 누구라도 예외가 될 수 없었다.

혹시라도 앞의 이야기가 현실적이지 않다고 반론을 하는 사람이 있을지 모르겠다. '사오정'이나 '오륙도'라는 기존의 퇴직의 기준만 생각하고 있는 사람이라면, 그건 이미 옛 이야기가 되었다는 것을 인정하여야 할 것이다.

퇴직 순서는 무너졌다.

'나이가 어리다', '직급이 낮다', '난 여자인데'.

이런 이유로 구조조정 대상이 안 된다는 생각을 하는 것은 너무 순진무구한 생각을 하고 있는 것이다. 회사가 부득이하게 구조조정이라는 선택을 할 수 밖에 없는 상황을 맞이하게 되어 인원을 감축한다면 당연히 회사가 판단했을 때 회사의 이익에 기여할 수 있는 사람들과 아닌 사람들의 기준만이 있을 뿐이다.

물론 대부분의 회사는 인원 정리가 필요한 경우, 그 선정 기준을 근무 연수, 현 직책과 맡고 있는 업무 등을 신중하게 고려할 것이다.

하지만 회사는 언제나 이익을 먼저 고려한다는 사실을 잊지 말자.

그래서 '퇴직 순서'는 무너져 버렸다고 생각하는 것이 좀 더 현실적인 생각이다.

'무너진 퇴직순서' 참 무서운 말일지도 모르겠다. 그러나 이미 현실이 된 말이다.

소문이 사실이었어!

세상에서 가장 힘든 일은 바로 생각하는 일이다

_ 에머슨

회사 상황이 좋지 않았다.

이런 경우 대부분 회사들은 긴축 재정을 시작한다. 제품이 팔리지 않으니 당연히 고정비부터 줄여야 되는 것이다. 내가 다니던 회사도 마찬가지였다.

어느 날 팀장님이 회의실로 팀원들을 불러 모았다. 굳은 표정으로 말했다.

"방금 팀장회의에 다녀왔습니다. 회사 재무 상황이 계속 어려워져 이대로 가다가는 큰 위기 상황이 닥칠 수 있다고 합니다. 국내시장 뿐 아니라 중국에서도 우리 제품의 시장 점유율이 계속 하락하고 있어 더 걱정스럽다고 합니다. 그래서 전사적으로 고정비 절감 활동을 할 필요가 있다고 합니다. 당장 각 팀별 남아 있는 연간 예산 금액을 30% 줄이는 것을 검토하라고 합니다."

팀원들은 얼마 되지도 않은 예산을 어떻게 줄이느냐고 반문하면서도 회사 상황이 안 좋다고 하니 어쩔 수 없다는 표정들이었고 받아들이는 분위기로 회의는 마무리 되었다.

결국 팀 예산을 줄이는 활동이 각 팀별로 전개되었다. 해외 출장은 물론이고 국내출장도 이전에 비하면 더욱 엄격해진 승인이 필요하게 되었다. 심지어 사무용품, 전산용품에 대한 사용도 규제되기 시작했다.

사람은 환경의 동물이라 그런지 예산 감축에 따른 불편함도 시간이 지날수록 서서히 사라지고 어느 새 직원들도 적응을 하게 되었다. 하지만 고정비를 줄이는 활동만으로는 회사 사정을 반전시키기는 역부족이었다. 회사 분위기는 점점 안 좋아졌다.

언제부터인가 이상한 소문이 돌기 시작하였다. 어디서, 누가 시작했는지는 모르지만 조만간 어떤 대책이 나올 것이라는 내용이었다.

" 회사 제품이 지금 엄청나게 창고에 재고로 쌓여 있대"

" 수주 받은 것이 없어 다음 달 생산은 거의 없을 것 같대"

" 생산이 없으면 어떻게 되는 거야. 일이 없으면 사람도 필요 없는 거 아냐"

사원은 사원대로, 대리는 대리대로, 과장은 과장대로, 현장사원들은 현장 사원들대로 끼리끼리 삼삼오오 모여서 돌아다니는 소문을 확인하려고 했고 혹시 추가 정보는 없는지를 탐문하는 상황이 지속되었다.

'아니 땐 굴뚝에 연기 나랴'라는 속담처럼 소문으로만 나돌던 이야기들은 점점 현실로 다가 오는 것을 느낄 수 있었다. 생산관리팀이 다음 달 생산계획안 발표를 계속 연기하더니 월말이 되어서야 겨우 공지를 하였다. 소문으로 나돌던 다음 달 생산 계획은 평소의 반 밖에 되지 않았고 그마저도 다음 달 생산할 물량에서 앞당긴 것이라는 이야기가 나왔다. 생산이 없어 현장 사원들은 안전교육으로 남는 시간을 활용한다는 방침도 함께 공지 되었다.

공장이 가동될 때와 그렇지 못할 때는 너무나 큰 차이가 있다. 완제품 차량도 확실히 줄어들어 공장의 생동감이 사라져 버렸다. 이런 상황은 불과 얼마 가지 못했다.

여러 가지 방법을 동원하여 경영난을 해소하고자 하였지만 쉽게 호전될 기미를 보이지 않게 되자 회사에서는 드디어 구조조정을 시행하기 위한 계획을 준비하여 실행에 옮기려고 하였다. 회사 인트라넷에 사장님이 직접 직원들에게 알리는 글이 올라왔다.

"친애하는 직원 여러분!

회사는 어려운 경영난을 극복하고자 다각도로 노력을 하였습니다. 하지만 불행하게도 우리의 노력만큼 회사의 실적은 호전되지 못하고 더욱 어려워지고 있어 안타까움을 금할 수 없습니다. 이에 회사는 부득이하게 구조조정이라는 최후의 수단을 쓸 수밖에 없다는 결론을 내렸습니다."

소문은 소문이 아니었다.

모든 직원들이 그저 소문이기를 간구하였음에도 결국 현실이 되어 돌아왔다.

버틴다고 해결되지 않아

인간은 일 그 자체에 의해서는 그다지 상처를 입지 않는다. 정작 상처를 입는 것은 일에 대한 자신의 견해다

_ 몽테뉴

며칠 후면 추석 연휴다.

나는 희망을 가지고 이른 새벽 출근길에 나섰다.

회사까지 가는 경인고속도로는 각자의 일터로 향하는 차들이 가득했다. 그나마 다행인 것은 서울에서 인천으로 가는 방향은 반대편 차선보다는 한산한 것이었다.

맨 먼저 출근하는 나는 책상에 앉아 컴퓨터를 켜고 뜨거운 커피 한 잔을 태워 자리에 앉아 모니터를 바라보았다. 오늘 할 일을 챙겨보던 중 팀장이 남긴 메일 하나에 시선이 멈추었다. 메일 제목이 특이하였기 때문이다. 하얀 바탕 위에 남겨진 글자가 눈에 들어왔다.

"아침 8시 30분에 팀 미팅이 있을 예정입니다. 모든 팀원은 회의 참석바랍니다. 한사람도 빠지지 말고 회의실로 모여주세요"

모니터에 박혀있는 글자들을 읽으면서 나는 생각했다.

'뭐지, 또 무슨 일이 생겼나, 아침 업무시간부터 전 팀원을 모이라고 하는 건 별로 좋지 않은 일 같은데 뭘까?'

출근 시간이 되자 팀원들도 한명씩 사무실에 들어오기 시작했다. 모두들 평상시처럼 각자의 자리에서 업무를 준비하였다. 출근 시간인 8시를 10분정도 남기고 팀장도 출근하였다. 그리고는 메일 내용

에 대하여 다시 공지하였다.

"메일 본 사람도 있겠지만 잠시 후 회의실로 모두 모여주세요. 한 사람도 빠지지 마시고 전원 참석해주기 바랍니다."

회의 시간이 되었다. 한사람, 한사람씩 회의실로 들어왔다. 전 팀원이 자리에 앉아서 팀장을 기다렸다. 팀장이 노트북을 가지고 들어와 자리에 앉았다. 모두의 시선이 팀장에게 쏠려 있었다. 이윽고 회의실 벽면에 설치된 슬라이더에 팀장의 노트북에 담겨진 내용이 비쳐졌고 팀장은 무거운 목소리로 입을 열었다.

"여러분! 아침 일찍부터 좋지 않은 소식을 전하게 되어 안타깝습니다. 아시는 분은 이미 아시겠지만 회사의 경영 상황이 계속 바닥을 치고 있습니다.

회사는 더 이상 이런 상태로 가기 어렵다고 판단을 하였습니다. 아마 오늘 오후에는 공식적인 구조조정 내용이 발표가 될 겁니다. 우리 팀에서도 몇 명은 구조조정 대상으로 선정이 될 것입니다. 팀장으로서 이런 말을 전달하기가 참 힘듭니다만 어쩔 수 없네요.

오후에 공지되는 회사의 발표내용을 확인하시고 대상으로 통보 받으시는 분들은 저와 별도로 면담할 예정입니다. 아직 누가 대상이 될지는 모르지만, 누가 되더라도 그 사람이 능력이나 역량이 모자라기 때문이라는 생각을 하지 마세요.

회사의 어려움으로 인해 우리 대신 희생하는 사람일 뿐입니다."

회의실안의 분위기는 장례식장 같았다. 누구 한사람도 얼굴빛이 환하지 않았다.

팀장이 알려준 내용으로는 누가 대상이 될지는 모르기 때문이었다. 모두들 마음속으로는 자기는 아닐 거라고 믿고 싶을 뿐이었다.

나는 팀원을 대표해서 질문을 하였다.

"팀장님! 저는 회사가 일방적으로 구조조정 대상을 해고시킬 수 없는 것으로 알고 있습니다. 만일 제가 대상이 된다면 저는 회사의 요구에 응할 생각이 없습니다. 그러면 어떻게 되는 건가요?"

팀장이 질문에 대한 답변을 미리 준비한 것처럼 곧바로 이야기 하였다.

"최 차장 말이 맞습니다. 회사가 일방적으로 직원을 해고 할 수 없습니다. 그래서 회사가 제시한 퇴직 조건을 확인하고 개별 동의를 받는 형태를 취할 겁니다.

아까 말씀드린 대로 팀장과 면담을 하는 이유입니다. 또 팀장과 면담에서 결론이 안나면 다음은 담당 임원이 면담을 할 겁니다. 그래도 안 될 경우, 인사팀에서 이후 조치를 하는 것으로 알고 있습니다."

팀장 말을 종합해보면, 결국은 구조조정 대상으로 선정된 사람은 회사의 조건에 동의하게끔 단계적으로 설득을 당하게 된다는 것이고 끝까지 버티는 사람들은 별도로 인사팀에서 별도의 조치가 있다는 내용이었다.

사실 구조조정 대상으로 선정된 사람은 이미 회사에서는 더 이상 함께 할 수 없는 것으로 판단을 한 것이다. 결국 본인의 선택 여부에 의해 명예퇴직이냐 아니면 회사의 눈총을 받으며 계속 회사에 남느냐가 결정된다.

명예퇴직도 어째든 퇴직이다.

회사를 그만두면 가족들의 생계를 책임지고 있는 가장의 책임을 다하지 못하게 될 것이다. 또 자존심을 버리고 회사에 남으면 월급은 받게 되겠지만, 이미 바닥에 떨어져버린 자신의 존재감을 뼈저리게 느끼게 될 것이다. 때문에 쉽지 않은 결정인 것이다.

정말 이러지도 저러지도 못하게 되는 상황을 경험하지 않은 사람들은 모를 것이다.

'버틴다고 해결되지 않는다는 것을.'

구조조정. 1년에 한번 뿐일까?

한 사람의 수준은 그 사람의 대답 능력에 있는 것이 아니라 그 사람의 질문 능력에 있다.

_ 볼테르

2015년, 한 해는 돌이켜보면 참 힘들었던 시간들이었다.

새로운 1월이 되었다. 여전히 동장군이 기승을 부리고 있었다.

매섭고 차가운 바람이 사무실 안인데도 느껴졌다. 최근 회사 상황이 좋지 않게 되자 고정비 절감차원에서 실내 난방노 통제를 하기 시작했다. 처음에 적응을 못하던 직원들도 이제는 내의를 입어 몸의 온도를 조절하였다. 그래도 여전히 사무실 냉기를 온전히 피할 수는 없었다.

오늘은 신년회가 예정되어 있었다. 이미 사내식당은 행사를 할 수 있도록 의자들이 정리되어져 있었다.

행사가 시작되는 9시가 되었다. 전 직원들이 자리에 앉은 채 사장님과 임원들이 행사장 안으로 들어오는 것을 바라보았다. 간단한 국민의례를 마치고 단상 앞에 선 사장님의 경영설명이 시작되었다.

"직원 여러분!

날이 아주 추워졌습니다. 감기 걸리지 않도록 건강관리를 잘 해야겠습니다.

지금부터 2015년도 첫 번째 회사경영 설명회를 시작하겠습니다.

여러분도 아시다시피 세계적인 경기 불황의 여파가 계속되는 상황입니다.

특히 우리 회사가 생산하는 제품의 시장상황은 더욱 좋지 않습니다. 우리의 주력 시장이던 중국도 여전히 침체에서 벗어나지 못한 상태입니다. (중략)

이런 어려운 상황을 이겨내기 위하여 임직원 여러분들이 여러 혁신활동과 개선활동을 전개하는 것에 감사드립니다.

아무쪼록 우리 모두가 합심하여 위기를 기회로 바꾸어 놓기 위하여 최선을 다 하도록 합시다."

신년회가 끝났다.

사장님이 각종 지표를 담은 도표와 그래프를 통해 보여준 회사의 경영 상황은 정말 심각한 수준이었다. 직원들은 행사장을 나오면서 모두 심각한 표정이 되었다. 몇 몇 부장들은 어떻게든 이 어려움을 벗어나야 한다는 결의에 찬 얼굴이었다.

하지만 이후에도 회사의 경영상황은 호전될 기미가 보이지 않았다. 오히려 점점 안 좋아졌다. 이런 상황이 계속된다면 심각한 수준이 될 수 있을지도 모른다는 위기의식도 더욱 확산되었다.

1월말, 드디어 회사는 구조조정이라는 칼을 꺼냈다.

구조조정이 결정되자 회사의 행동은 신속해졌다. 구조조정 대상으로 선정된 대상이 발표되었다. 곧 이어 선정된 인원들은 팀장과 개별 면담에 들어갔다.

구조조정 대상으로 선정된 인원들은 대부분 정년을 1~2년 앞둔 선배들이었다. 회사 경영 상황이 어려워져 부득이 구조조정을 하는 상황이 온다면 제일 먼저 대상이 될 수 있을 거라는 예상이 되었던 사람들이었다. 오히려 퇴직 조건으로 제시된 회사의 안에 대하여 감사하는 사람이 있을 정도였다.

물론 다 그런 것은 아니었다.

대상자로 선정된 인원 가운데 전혀 예상하지 못한 젊은 과장들도 몇 명 포함되어 있었다. 때문에 사무실 분위기는 팀마다 모양새가 달랐다. 어떤 팀은 퇴직하는 선배들을 축하해주는가 하면, 어떤 팀은 갑자기 회사를 떠나는 동료를 어떻게 대할지 몰라 힘들어 했다.

결국 시간이 지나고 잠시 어수선 했던 분위기는 사라져 버렸다.

구조조정 결과로 사무실에는 빈자리가 여러 곳 생겼으나 그것도 한 달쯤 지나자 인원 재배치로 메워져 버렸다. 워낙 회사가 어려운 상황이라는 것을 알고 있었던 차라 직원들도 구조조정이 피할 수 없는 상황임을 인정하는 듯 했다. 다행히 대상 인원들도 어느 정도 예상된 사람들이라 생각보다 여파가 심하지 않은 것은 다행이었다.

그렇게 시간이 지나가고 여름휴가가 다가오는 즈음이었다.

회사는 구조조정을 감행하였음에도 불구하고 여전히 불황의 늪에서 벗어나지 못하고 있었다.

사내에서는 또 다시 좋지 않은 소문이 나돌았다.

소문의 진원이 어디인지는 아무도 몰랐다. 또 다시 강도 높은 구조조정이 있을 예정이라는 소문은 점차 확산되었다. 직원들끼리 삼삼오오 모여서 서로 정보를 얻고자 했다. 담배 피우러 자리를 비우는 사람도 많아졌다. 분위기가 다시 어두워지자 일이 손에 잡히지 않게 되었다.

하지만 소문과는 달리 하계휴가는 예년처럼 실시되었다.

직원들은 그저 헛소문이라 생각하며 여름휴가를 보내기 위해 회사를 벗어났다. 직원들이 휴가를 즐기는 동안, 회사는 다시 강행할 구조조정안을 마련하였다.

이번에는 추석 연휴를 앞둔 9월 초순이었다.

회사가 내놓은 두 번째 구조조정은 소문처럼 이전보다 더 강도가 심했다. 구조조정 대상 인원 선정과 함께 자율적인 명예퇴직자도 함께 받았다.

연초에 일차 구조조정을 한 상태였던 터라 이번 선정된 인원은 직급이나 나이가 한층 내려가 있었다. 사무실 분위기는 최악이었다. 이제까지는 구조조정이 내 일이 아니라 생각했던 직원들조차 불안한 표정을 보였다.

또다시 수 백 명이 회사를 떠나야 했다.

벌써 한 번 경험 했음에도 불구하고 함께 동고동락했던 동료들을 보내는 것이 쉽지 않았다. 떠나간 동료의 자리는 커 보였다. 하지만 이내 새로운 사람이 또 그 자리를 채웠다. 떠나간 동료의 일은 남은 사람들이 처리하는 상황이 되었다.

이번 구조조정도 떠난 사람에겐 좋지 않은 일로, 남은 사람들은 흐르는 시간과 함께 기억의 저편으로 묻혀버렸다. 모두들 마음속으로 더 이상 이런 일이 벌어지지 않기만을 기도했다.

대추 한 알

장석주

저게 저절로 붉어질 리는 없다.

저 안에 태풍 몇 개
저 안에 천둥 몇 개
저 안에 벼락 몇 개

저게 저 혼자 둥글어질 리는 없다.
저 안에 무서리 내리는 몇 밤
저 안에 땡볕 두어 달
저 안에 초승달 몇 날이 들어서서
둥글게 만드는 것일 게다

대추야
너는 세상과 통하였구나!

밤 새 반가운 빗소리가 들려
일부러 창문을 열고 잤습니다.
오랫만에 비 같은 비를 보는거같군요.
태풍이 지나간다하니
제발 태풍 피해없이
목마른 땅에 비나 흠뻑 적셔주고
지나가면 좋겠습니다.
이 비도
이 태풍도
이 번개도
뜨거운 햇빛도
가을에 영 글 대추를 위함입니다.
인생에 쏟아지는 빗줄기도
태풍도 번개도
맛나게 익을 인생을 위함일까요?

_ 이야기 꽃 그림책 중에서

02장
운명의 그 날이 왔어!

세 번째 구조조정

끊임없이 다른 존재가 되기 위해 애쓰는 세상에서 가장 놀라운 성취는 자기 자신으로 남는 것이다.

_ 랄프 왈도 에머슨

핸드폰 알람 소리가 요란하게 울렸다.

늘 그랬던 것처럼 베개 옆에 놓아둔 핸드폰을 더듬거리며 찾아 다시 시간을 확인한다. 새벽 5시 20분 이었다. 또 하루를 시작해야 하는 시간이다. 아직 밖은 깜깜한 상태다.

집에서 나오는 시간은 항상 새벽 5시 40분이다. 서울에서 인천까지 출근하기 위해 나름대로 만든 일정이었다. 오늘은 한 주가 시작되는 월요일이다. 경인고속도로가 혼잡해지기 전에 일찍 집을 나서는 것이 여러모로 유리했다.

월요일 출근은 다른 날에 비해 더 피곤하다. 휴일은 회사원이 아닌 가장으로 생활을 하여야 한다. 아이들과 시간을 보내고 아내를 도와 집 청소도 해야 한다. 생각처럼 쉴 수 있는 여건이 안 되기 때문이다.

게다가 최근에는 걱정거리가 있었다. 가족들에게도 아직 말을 하지 못했다.

그것은 심각한 회사 경영 상황으로 구조조정 이야기가 계속 나오고 있다는 것이다. 올 해만 이미 두 차례 구조조정이 있었다. 다행히 아직까지 회사가 필요해서인지 몰라도 구조조정 대상에서 나는 살아남을 수 있었다.

출근하는 차 안에서 떠오르는 태양을 맞는다.

사무실에 제일 먼저 도착해 커피 한잔을 태워 책상에 놓고 컴퓨터를 부팅시킨다. 전날 들어온 메일 목록을 확인하며 불필요한 것은 삭제하고 오늘 해야 할 일을 머릿속에서 정리한다. 8시가 되자 사무실은 어느새 출근을 한 팀원들이 모두 자리에 앉아 있었다.

나는 뒤에 앉은 윤 차장에게 넌지시 먼저 말을 꺼냈다.

"윤 차장, 지난주에 말한 것 말이야. 또 회사가 구조조정 한다고 한 것 말이야. 정말로 하는 거 맞아. 혹시 더 들은 정보 있으면 이야기 좀 해 줘"

자리에서 커피를 마시던 윤 차장도 아직 업무를 하지 않고 있었다. 그 역시 얼굴을 보니 충분한 휴식을 취한 것 같지는 않았다. 윤 차장이 마시던 커피 잔을 내려놓으면서 말했다.

"아마 오늘, 내일이면 또 발표를 할 것 같다는 이야기가 돌고 있어요. 이번에도 기습적으로 발표하지 않을까요?"

그랬다. 회사가 구조조정 발표하는 방법은 늘 직원들이 생각처럼 진행하지 않았다. 마치 갑자기 뒤통수를 얻어맞는 것처럼 순식간에 발표를 했다.

사무실 직원들에 대한 구조조정과 별개로 기술사원들 구조조정도 불과 한 달 전에 진행되었다. 기술사원들 인원정리가 마무리되었기 때문에 다시 사무실 직원들 구조조정 이야기가 나오는 것이라는 소문도 있었다.

이제 연말까지 20일 정도 남았다.

두 차례 구조조정으로 회사를 떠난 인원만 해도 수백 명이 넘었다.

'설마 한 해에 세 번이나 직원들을 자르는 구조조정을 할까?' 하는 의아심도 들었다. 그래서 나뿐 아니라 다른 직원들도 '구조조정을 또 한다'라는 소문을 믿을 수도 믿지 않을 수도 없는 상황이었다.

사무실 분위기는 말이 아니었다. 모두들 말을 하지 않을 뿐이지 여전히 무언가에 쫓기는 느낌으로 하루하루 지내고 있었다. 벌써 두 차례 구조조정에 따른 인원 정리 과정을 지켜보았다. 함께 했던 선배, 동료, 후배들이 회사를 떠나야 하는 것을 옆에서 본 직원들은 굳은 표정, 불안한 표정 일색이었다.

오전 업무 시간이 끝났다.

팀원들은 점심을 먹기 위해 끼리끼리 식당으로 향했다. 배식을 위해 식판을 들고 줄을 서 기다리고 있는데 어디선가 들려오는 이야기가 최 차장의 귀에 들려왔다.

"서울 사무소 동기가 그러는데 오늘 오후에 또 구조 조정안이 다시 공지된대."

"뭐 아니 오전까지 아무 일도 없었는데 갑자기 무슨 소리야."

나는 구조조정 실시에 대한 이상한 소문이 계속 나돌고 있었기 때문에 별로 신경 쓰지 않고 식사를 마쳤다. 사무실로 돌아온 최 차장은 먼저 돌아온 팀원들이 한데 모여 수군거리는 것을 보고는 이상한 느낌을 받았다.

모니터를 보고 있던 이 대리에게 다가가 물었다.

"뭔데 그래? 뭐 특별한 거라도 올라왔어?"

이 대리는 모니터에서 눈을 떼지 않고 대답했다.

"결국 또 구조조정 하나 봐요. 방금 사내 공지에 올라왔어요. 구조조정 계획에 대한 공지가 게시되었어요."

자리에 앉은 최 차장은 부랴부랴 자신의 모니터 화면을 보았다.

점심시간을 이용해 구조조정 계획이 공지되었다. 이번에는 전체직원을 대상으로 한다는 내용이 먼저 눈에 들어왔다. 뒤이어 회사가 제시한 보상 계획도 확인했다.

9월 2차 구조조정 때와 비교하니 조건이 더 좋지 않았다. 그만큼 회사상황이 더 좋지 않아졌다는 의미일 것이다. 하지만 불과 3개월도 지나지 않은 시점에서 조건이 더 안 좋다는 것은 이해하기 어려웠다.

오후 업무가 시작되었다.

팀장이 급하게 팀원들을 회의실로 소집했다. 이번에도 팀장은 무겁게 입을 열었다.

"방금 구조조정 계획이 공지되었습니다. 이번에는 대상 범위가 전체 직원입니다. 지난번과 다른 점은 제가 팀원들과 개별 면담을 실시하여 자율 희망퇴직자를 먼저 받습니다.

자율 희망퇴직자 수가 적으면, 회사가 선정한 인원들의 희망퇴직 신청을 받을 겁니다. 내일부터 개인 별 면담을 시작하도록 할 것입니다. 혹시 이미 마음을 정한 분이 계시면 오후에 바로 저에게 메일을 보내주세요"

정말 황당했지만 현실이었다.

회사는 1년에 세 번의 구조조정을 감행하는 놀라운 행동을 스스럼없이 했다. 모든 팀원들은 이 놀라운 현실이 꿈이라면 얼마나 좋을까라는 표정들이었다.

전무님 전화는 살생부

용기란 비판에 익숙해지는 게 아니라 자신의 이야기를 하는 것이다.

_ 브레네 브라운—심리학자

나는 자리에 앉아 생각에 잠겼다.

올해 초 첫 번째 구조조정 발표 후 정들었던 선배들이 참참한 표정으로 후배들에게 마지막 작별인사를 하던 것을.

또 불과 삼 개월 전, 두 번째 구조조정 발표 후, 평소 힘든 일이 있으면 항상 도와주던 동기 문 차장의 말이 기억이 났다.

"최 차장. 방금 전 상무님 방에 갔다 왔어. 나도 이번에 구조조정 대상이라고 그러시더라. 회사 상황이 너무 안 좋아 부득이하게 또 다시 인원을 정리할 수밖에 없게 되었으니 이해하라고 그러더군. 회사가 제시한 조건들을 잘 확인해보고 가급적 빨리 사인을 하라고 하더라. 혹시나 했는데 막상 이런 상황을 맞이하니 아무 생각이 없네. 생각해보면, 이젠 정말 회사를 떠나야 할 때가 된 것 같아. 지난 구조조정 때 선배들이 모두 회사를 떠나, 이젠 둘러봐도 나 보다 나이 많은 사람이 없는 것 같더라. "

그렇게 말했던 문 차장도 결국 회사를 떠났다.

문 차장뿐만 아니었다. 회사를 떠난 사람들 중에는 생활을 함께 한 동년배 동료들이 많았다. 그게 불과 3개월 전이었다.

금년도 20여일 밖에 남지 않은 시점에 또다시 구조조정을 하리라고는 생각 못했다. 아니 생각하기 싫었다.

결국은 또 구조조정의 철퇴가 내려온 것이다. 얼마나 회사 상황이 안 좋으면 세 번씩이나 직원들을 내보내야 하는지 이해할 수 없었다. 이왕 보낼 거면 한 번에 자를 것이지 이토록 사람들을 불안하게 만들면서 굳이 3번에 걸쳐 인원을 정리하는 것이 무슨 속셈인지 알 수 없었다. 생각할수록 회사가 하고 있는 일들이 너무하다고 느껴졌다.

팀장의 이야기대로라면 이번에는 전체직원들이 대상이다. 개별면담을 통해 자율 명퇴자들을 먼저 받고, 회사가 기대한 인원만큼 나오지 않으면 선정해놓은 인원들을 추가하겠다는 것이다.

사무실 안은 적막이 흘렀다.

뒷자리 앉은 윤 차장도, 옆에 앉은 김 과장도, 다른 팀원들 모두 말이 없었다.

이번에는 또 누가 대상이 될지 아무도 알 수 없었다. 이미 시작된 오후 업무는 의미가 없었다. 솔직히 이런 상황에서 업무를 제대로 하기 힘들었다.

갑자기 자리에서 일어난 윤 차장이 팀원들에게 말하였다.

"잠깐 회의실에 가서 커피 한 잔 합시다. 일도 손에 잡히지 않네. 우리끼리 이야기 좀 하지. 혹시 추가로 알고 있는 정보라도 있으면 공유도 하고 말이야."

기다렸다는 듯이 김 과장도 말했다.

"그럽시다. 이거야 원 도대체 회사가 정말 막장까지 가는 거 아니야. 팀장님이 이야기한 것처럼 이번엔 전 직원이 모두 대상이라는 것이 맞는 거야. 회의실에서 가서 우리끼리라도 이야기 좀 해봅시다."

팀장을 제외한 팀원들이 다시 회의실에 모였다. 자리에 앉자마자

팀 정보통인 이 대리가 먼저 말을 꺼냈다.

"벌써 다른 팀은 개별 면담을 시작했대요. 팀장의 개별면담은 형식이라는 이야기도 들려요. 회사가 선정한 대상자 명단이 벌써 각 부문장님한테 있다고 해요"

그러자 홍 과장도 아는 정보를 말했다.

"아마 전무님이 대상자 명단을 가지고 한 명씩 호출을 할 것 같아요. 호출 받는 사람이 이번 구조조정 대상이겠죠."

구조조정 실시와 관련한 소문이 이전부터 계속 떠돌고 있었고 모두들 조금이라도 정확한 정보를 얻기 위해 안테나를 세우고 있었던 모양이었다. 회의실에 모인 팀원들은 그동안 본인이 수집한 정보들을 쏟아냈다. 어쩌면 본인들 일이 될 수도 있다고 생각했는지 모두 동병상련을 느꼈다.

언젠가부터 회사가 선정한 구조조정 대상자 명단을 '살생부'라고했다. 회사를 떠나야 하는 사람과 남아야하는 사람을 가르는 '살생부'가 부문장들 손에 넘어가 있다는 이야기는 맞을 것이다.

참 무섭다는 생각이 들었다. 직원들 모르는 사이 회사는 구조조정 준비를 하고 있었고 임원들은 사실을 알고 있지만 전혀 모르는 것처럼 행동하는 것 같았다.

직원들은 나돌아 다니는 소문만으로 구조조정 정보를 얻을 뿐이다. 사실 모든 것은 이미 다 결정되어 있었던 것이다. 결국 구조조정 계획이 공지되었고 이젠 전무님의 호출 전화를 받는 사람과 아닌 사람만 있을 뿐이다.

즉, '살생부'속에 내 이름이 있느냐, 없느냐만 남아 있는 것이다.

살아남은 자와 그렇지 못한 자

세상 사람들은 남이 나보다 열 배 부유하면 헐뜯고, 백배가 되면 두려워하고, 천 배가 되면 그의 일을 해 주고, 만 배가 되면 그의 하인 노릇을 한다. 이것이 사물의 이치다.

_ 사마천의 〈사기〉 화식열전 중에서

12월, 추운 겨울이다.

새벽 일찍 출근길로 나서야 하는 나는 오늘도 변함없이 자고 있는 가족을 쳐다보며 현관문을 열고 나왔다. 가족들은 변함없이 깊은 잠에 빠져있었다. 잠자는 아들과 딸의 얼굴은 너무나 평온해 보였다. 아내 역시 세상 모르고 깊은 잠에 빠진 듯 했다.

새벽 출근은 나 혼자의 몫이었다. 한 가정의 가장이니 어쩔 수 없지만 새벽 출근길을 가족의 인사를 받으며 집을 나서고 싶은 마음도 한 번씩 들었다.

새벽 출근길은 늘 똑같았다. 대한민국 가장들은 새벽부터 열심히 움직이고 있었다. 운전을 하면서도 머릿속은 복잡했다.

'어떡해야 하지. 정말 회사를 그만 두어야 하나, 아니면 그냥 끝까지 다녀야 하나'

'이번에 나온 회사의 퇴직 조건이 지난번보다 좋지 않은 것을 보면 앞으로 더 좋지 않을 것 같은데'

이런 생각들이 계속 머릿속에서 떠나지 않았다. 회사에 도착할 즈음 겨우 생각을 정리할 수 있었다.

지난 9월 구조조정 때 동기들과 함께 회사를 나오는 것도 좋을 것 같다는 생각을 했었다. 하지만 결국은 구조조정 대상자로 선정도 안 되었는데 자진해서 명예퇴직 하는 것은 아니라고 판단했다. 그 결정을 할 때는 '설마 또 구조조정을 하진 않겠지 ' 라는 생각이 있었다.

그러나 그건 나 혼자만의 생각이었고 구조조정은 또다시 시행되었다. 생각을 최종적으로 정리했다. '구조조정 대상자로 선정되어 나가느니 스스로 명예롭게 퇴직하는 것이 더 나을 수 있겠다' 로.

사무실 문을 열고 자리에 앉은 난, 팀원들이 오기 전에 어제 공지된 구조조정 계획을 다시 확인했다. 남은 팀원들은 모두 후배들이다. 이미 나보다 나이가 많은 선배들은 회사를 떠나고 없었다. 두 번의 구조조정으로 나이 많은 직원은 거의 없었다.

업무 시작 시간이 되었다.

자리에 앉은 팀원들 얼굴을 한명씩 보던 나는 결심을 굳혔다.

'그래. 이젠 내 차례인 것 같아. 내가 구조조정 대상자가 아닐 수도 있겠지. 하지만 그럴 가능성은 거의 없는 것 같아. 나이나 직급으로 보나 더는 버틸 수 있는 상황이 아닌 것 같아. 설령 정말 내가 대상이 아니라면 후배들이 대상이 된다는 것이겠지. 팀장 말에 의하면 자율 명예퇴직자가 많으면 회사가 선정한 구조조정 대상자들은 살아남을 수도 있다고 했잖아. 그래. 자진해서 명예퇴직 하겠다 말하자. 그럼 살아남을 후배도 있을 거야.'

그렇게 마지막 생각이 정리되니 오히려 마음이 편안해지는 것을 느꼈다. 곧바로 팀장에게 내 생각을 메일로 보냈다.

회의에 참석중인 팀장이 메일을 확인하면 사무실로 돌아와서 면담을 할 것이다. 나는 팀장과의 면담에서 무슨 말을 하여야 할지를 조용히 생각해보았다.

'팀장님, 제 생각은 이미 메일로 알려드렸습니다. 부탁드릴 말씀은 가능하면 후배들 한 명이라도 더 살릴 수 있도록 해 주세요'

바라는 대로 될 수 있을지 알 수 없지만 이렇게 말하는 것이 선배로서의 마지막 도리라 생각하였다.

퇴근시간이 다가왔다.

마음이 찹찹하여 공장을 한 바퀴 돌고 돌아와 자리에 앉은 나는 사무실 분위기가 이상하다고 느꼈다. 왠지 알 수 없는 야릇한 분위기가 계속 느껴졌다.

잠시 후 이유를 알 수 있었다.

회사가 공지한 구조조정 계획을 보고 젊은 직원들이 동요하기 시작한 것이다. 계속되는 사람 자르기에 젊은 직원들의 실망은 절망으로 이어진 모양이다.

결국 우리 팀도 퇴사 의사를 제출한 직원이 3명이나 나왔다. 나를 포함해 장 대리와 전 대리도 퇴사의사를 표명했다. 다른 팀 상황도 별로 다르지 않았다. 생각지도 않았던 대리, 과장급 젊은 직원들이 퇴사하겠다고 손을 드는 상황이 되어버렸다.

결국 회사가 바라는 상황으로 진행되는 것인지 모르겠지만 직원들은 두 분류로 나뉘어졌다.

'살아남은 자와 그렇지 못한 자'로 구분이 되었다.

머리가 포맷된 사람들

모든 사람은 천재다. 하지만 물고기들을 나무 타기 실력으로 평가한다면, 물고기는 평생 자신이 형편없다고 믿으며 살아갈 것이다.

_ 아이슈타인

구조조정 공지된 날부터 어색한 분위기의 연속이었다. 예전처럼 연말의 떠들썩한 분위기는 전혀 찾을 수 없었다.

팀원과의 일대일 면담이 시작되었다. 이미 퇴사의사를 표명한 직원들도 다시 면담하고 재확인 하였다.

개별면담을 위해 회의실에 들어간 나는 기다리고 있던 팀장에게 눈인사를 하며 말을 꺼냈다. 경력사원으로 입사한 팀장보다 오히려 회사에 오래 다닌 처지라 서로 공대하는 사이였다.

" 부장님도 힘드시겠어요. 이런 면담을 한다는 것이 마음 편하지 않으시겠습니다. "

팀장도 다른 직원보다 나와 대화를 하는 것이 편한 듯 말하였다.

"차장님 앉으세요. 참 못할 짓 하고 있는 것 같아요. 한두 번도 아니고 벌써 3번째니 저도 참참합니다. 메일로 명예퇴직 신청하신 것 같은데 혹시 마음 변하시지 않았나요?"

나는 조용히 대답했다.

"예, 변함없어요. 자진해서 퇴사를 한다고 결정하는 것이 쉽지 않았습니다.

쉽지 않았기 때문에 고민을 많이 했어요. 아무리 생각해봐도 더 이상 회사에 남을 상황이 아닌 것 같아요. 9월에 제 동기들 대부분이 회사를 떠났습니다. 저는 다행히 살아남아 회사에 다니게 되어 속으로 기쁘기도 했어요. 더 이상 구조조정은 없다고 기대했어요. 그러면 앞으로 회사를 몇 년은 더 다닐 수 있다는 희망을 가졌던 거죠."

팀장은 마시던 커피 잔을 내려놓으며 말했다.

"차장님 마음을 이해할 수 있겠어요. 퇴사하시면 무슨 계획이 있나요?"

나는 힘없는 대답을 하였다.

"아니요. 말씀드린 것처럼 지난 구조조정이후 이렇게 금방 다시 사람을 자르리라고는 생각 못했어요. 그래서 회사에 대한 실망이 더 커졌어요. 일단 좀 쉬려고 합니다. 24년 직장생활을 했으니 몸도 마음도 힘이 드네요. 쉬면서 충전하고 무엇을 할지 천천히 고민할 생각입니다."

팀장은 면담을 정리하는 말을 꺼냈다.

" 알겠어요. 차장님 생각을 전달하죠. 여기 희망퇴직 신청서와 퇴직자용 보안 서약서를 드리도록 하겠습니다. 잘 읽으시고 사인해서 저한테 주세요."

팀장과 면담은 그렇게 마무리되었다.

팀장에게 받은 희망퇴직 신청서와 보안서약서를 천천히 읽어보았다. 희망퇴직 신청서는 회사가 제시하는 희망퇴직 조건과 퇴직 후 얼마간 퇴직 전환 교육을 시켜준다는 내용이 적혀 있었다. 그리고 본인 의사에 따라 자율적으로 회사의 조건을 받아들이고 퇴직한다는 것에 동의한다는 내용이었다. 희망퇴직 신청서와 퇴직자 보안서약서에 이름을 적었다. 이제 제출하면 끝나는 것이다.

팀장과의 면담은 다른 팀원들과도 계속 진행되었다. 자발적으로 퇴직을 신청한 전 대리와 장 대리도 팀장과 면담을 마친 모양이었다.

나는 두 사람에게 다가갔다.

"전 대리, 장 대리, 시간 있으면 차나 한잔 할까?"

나는 두 사람의 결정에 솔직히 놀랐고 따로 이야기를 나누고 싶었다.

"예, 그러시죠. 차장님. 회의실로 가요"

평소에도 시원한 성격인 전 대리가 먼저 대답했다. 장 대리도 좋다는 사인을 보냈다. 회의실에 앉아 커피를 마시며 내가 먼저 말을 꺼냈다.

"두 사람 퇴사하겠다는 이야기를 듣고 난 솔직히 좀 놀랐어. 나야 회사 생활을 20년 넘게 했고 나이도 있으니 회사가 바라는 대로 나가는 거라고 치더라도 너희는 아직 퇴직을 하기엔 이르다고 생각했거든."

평소 말 수 적은 성실한 장 대리가 답했다.

"차장님도 어려운 결정 하신 것 같던데요. 전 솔직히 회사가 이렇게 안 좋아진 것도 직원을 소모품처럼 생각하기 때문인 것 같아요. 그렇다면 조금이라도 젊을 때 다른 길을 찾는 것이 오히려 더 낫다는 생각에 퇴사하기로 했어요."

전 대리도 머리를 끄덕였다.

"장 대리 말에 공감해요. 올해 너무 힘들었던 것 같아요.

연초에 구조조정으로 같이 일하던 분들이 회사를 나가는 걸 보고 마음이 불편했어요. 그런데 이번이 3번째예요. 어려우면 언제든 직원들을 내보낼 수 있다고 생각하는 윗분들을 어떻게 믿고 일할 수 있어요. 저 역시 아예 새로운 길을 찾는 것이 더 좋다고 생각했죠."

나는 커피 잔을 내려놓고 다시 물어보았다.

" 그럼 두 사람 따로 계획해 놓은 일은 있는 거야?"

전 대리가 먼저 말했다.

"아직은 없어요. 하지만 재취업에 도전할 생각이에요. 솔직히 걱정이 많습니다. 요즘 청년들도 취업하기 어렵다는데 재취업이 가능할지 모르니까요. 한편으론 퇴직한다고 생각하니 시원한 마음, 한편으론 불안 불안합니다."

장 대리도 천천히 말을 하였다.

"전 회사 나가면 콘텐츠를 만드는 일을 할 생각입니다. 저 역시 전 대리와 비슷한 마음이에요. 회사에서 월급을 받던 안정적인 생활에서 사업을 한다는 것 자체가 불안한 도전이니까요"

퇴직을 결심한 두 후배들과 이야기를 나누며 부러운 마음이 들었다. 아직 젊다는 것, 확실하진 않지만 계획을 가졌다는 것이 나와 다른 점이었다.

현재 결심이 미래에 어떤 영향으로 다가올지 전혀 알 수가 없기 때문에 더욱 이런 생각이 들었다.

'지금 우린 머리가 포맷된 상태야.'

아빠. 다녀오셨어요?

우리는 남과 같아지기 위하여 우리 자신의 4분의3을 잃어버린다.

_ 쇼펜하우어

시간이 어떻게 지나갔는지 모르게 퇴근시간이 되었다.

나는 팀장에게 받은 희망퇴직 신청서와 퇴직자용 보안서약서를 서랍에 넣고 컴퓨터 전원을 껐다. 퇴근준비를 마친 나는 팀원들에게 인사를 하고 사무실을 빠져 나왔다. 주차장으로 가면서 서서히 어둠이 내리고 있는 하늘을 쳐다보며 생각을 하였다.

'이렇게 일찍 퇴근하는 것이 얼마만인가? 아직 해가 남아 있네.'

두 번의 구조조정으로 많은 동료들이 회사를 떠났다.

부족한 인원이 업무를 하기 위해서는 남아있게 된 사람들 노력이 더욱 필요했었다. 덕분에 집으로 가는 시간은 항상 깜깜한 밤이곤 했다. 집에 도착할 시간이면 온 몸에 피로가 쌓여 녹초가 된 것 같았다.

지금 퇴근길은 느낌이 달랐다.

아직 해가 완전히 기울지 않았다. 하늘이 아직 밝은 상태로 도로를 달리고 있는 것이다. 고속도로도 복잡하지 않았다. 평소보다 약 1시간정도 일찍 집에 도착할 수 있다는 것이 신기했다.

차를 지하주차장에 세우고 엘리베이터로 집으로 올라갔다.

비밀번호를 누르고 현관문을 열고 들어가니 아내와 아이들은 저녁식사 중이었다.

내가 들어서자 식사하던 아들과 딸이 식탁에서 일어나 뛰쳐나오며 인사를 하였다.

"아빠, 다녀오셨어요?"

"우와! 아빠 오늘 엄청 일찍 오셨네. 저희 식사하고 있었어요. 함께 식사해요"

아내도 놀라듯 말했다.

"어쩐 일로 오늘 이렇게 일찍 와요. 손 씻고 와요. 식사하던 중이니까"

나는 가방을 놓고 화장실에 들어가 손을 씻고 식탁에 앉으며 웃으면서 말했다.

"야아! 집에 일찍 들어오니 좋네. 아들, 딸이랑 같이 밥 먹을 수 있어서"

가족들이 함께 저녁식사를 하는 것도 정말 오랜만이었다.

주말이나 휴일이 아닌 평일에 가족과 함께 한 저녁식사는 기억이 가물가물했다.

회사 식당에서 저녁식사하고 퇴근 하는 것이 당연한 일처럼 되어 있었던 것이다. 가족들과 단란하게 저녁식사를 하는 작은 행복을 오랜만에 느낄 수 있었다.

식사를 마치고 아이들은 숙제를 하러 방에 들어갔다. 아내가 식탁 정리와 설거지를 하는 동안 난 뜨거운 물에 샤워를 했다.

거실에서 뉴스를 보는 내게 아내가 과일을 접시에 담아와 앉으며 물었다.

"과일 먹어요. 제철이라 그런지 과일이 아주 다네요. 그나저나 오늘 어떻게 일찍 들어왔어요. 요사이 일이 많아 매일 늦게 오더니"

아내도 회사 사정을 조금은 알고 있었다.

9월 구조조정 때 내가 엄청 고민하는 모습을 보았기 때문이다.

게다가 다시 회사 분위기가 뒤숭숭하다는 이야기를 나에게 전해 들었던 것이다.

나는 쟁반에서 과일 하나를 포크로 찍어 들면서 아내에게 담담하게 말했다.

"며칠 전에 이야기한 것 기억나. '이젠 회사 그만 다닐지도 모르겠어.'고 한 말. 더 버티기 어려울 것 같아. 아무리 생각해도 이젠 나와야 할 것 같아. 회사가 좋아질 기미가 보이지 않으니 구조조정을 다시 안한다는 보장도 없어. 갈수록 퇴사조건은 더 안 좋아질 거야.

이미 동기들 대부분 회사를 떠났고 이젠 젊은 후배들까지 나가야 하는 판이야. 이래저래 고민하다 팀장과 최종 면담을 하고 희망퇴직 의사를 밝혔어."

이야기를 듣던 아내는 아무 말도 하지 않았다. 얼굴에 근심이 가득한 것이 보였다. 그리곤 무거운 표정으로 말했다.

"당신이 얼마나 고민한 줄 내가 모르겠어요. 9월에도 힘들어 했었는데. 어렵게 결정 했으니 뭐라 할 말이 없네요. 아이들이 아직 어려 조금 더 회사에 다녔으면 하고 바랬는데."

나를 이해해주는 것 같은 아내가 고마웠다. 나만큼 아내도 마음이 편하지 않다는 것은 직감으로 느낄 수 있었다.

늦은 밤.

아이들 방에 들어간 나는 편안하게 잠든 아들과 딸을 바라보았다. 결혼하고 늦게 가진 아이들이다. 다른 부부들은 결혼하고 1년쯤 지나면 아이가 생겼는데 우린 아이가 생기지 않아 마음고생을 많이 했다.

시험관 시술 세 번이나 해서 어렵게 얻은 쌍둥이 남매였다.

어렵게 얻은 아이들이 남매라 더욱 사랑스러웠다. 아들과 딸을 한꺼번에 주신 하나님께 감사드렸다.

퇴근해서 집에 들어설 때마다 "아빠, 다녀오셨어요?" 인사하며 맞아주던 아이들 모습이 갑자기 생각났다. '작은 행복이 이런 것이 아닐까' 하는 생각을 해보았다. 그러면서 가슴속에서 뭉클한 느낌이 생겼다.

이제 회사를 나오면, '아이들의 인사도 받을 수 없는 건 아닌가' 하는 쓸데없는 생각이 들었다.

지혜로운 사람은 시간을 잘 활용합니다.

생각하는 시간을 가지십시오. 사고는 힘의 근원입니다.

노는 시간을 가지십시오. 놀이는 변함없는 젊음의 비결입니다.

책 읽는 시간을 가지십시오. 독서는 지혜의 원천입니다.

기도하는 시간을 가지십시오. 역경에 처했을 때 도움이 됩니다.

사랑하는 시간을 가지십시오. 삶을 가치 있게 만들어줍니다.

우정을 나누는 시간을 가지십시오. 생활에 향기를 더해줍니다.

웃는 시간을 가지십시오. 웃음은 영혼의 음악입니다.

나누는 시간을 가지십시오. 주는 일은 삶을 윤택하게 합니다.

가족과 함께 있는 시간을 가지십시오. 삶에 활력을 줍니다.

_ 인생 상담 칼럼니스트 앤 랜더스의 명언중에서 _

03장
'퇴직' 드디어 실감나다!

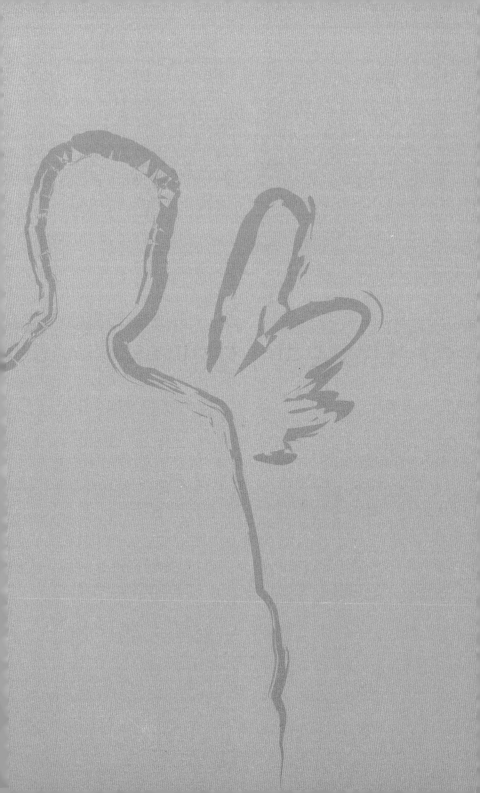

어색한 출근

꿈을 품고 무언가 할 수 있다면 그것을 시작하라.
새로운 일을 시작하는 용기속에 당신의 천재성과 능력과 기적이 모두숨어 있다.

_ 괴테

어제 밤, 나는 잠자리에 들었지만 쉽게 잘 수 없었다.

여느 때 같으면 잠자리에 들기 무섭게 코를 골며 숙면에 들어갔다. 하지만 내일 마지막 출근을 하는 날이라 생각하니 머릿속에서 온갖 잡념들이 끊이지 않아 잠을 이룰 수 없었다.

'청춘을 다 바친 회사였는데 나오는 건 정말 쉽구나!'

'회사를 나오면 앞으로 뭘 해야 하나?'

'아직 젊은데 뭐라도 하면 설마 가족들 굶기기야 하겠어!'

이런저런 생각에 잠을 못 이루고 뒤척이고 있었다. 옆에 자는 줄 알았던 아내가 나에게 돌아누우면서 말했다.

"여보, 새벽에 출근하려면 자야죠. 어차피 결정한 거, 마음 편하게 먹어요."

아내의 위로를 받으면서 나는 어렵게 잠이 들었다.

다시 새로운 날이 되었다.

잠자는 시간과 상관없이 일어나는 시간은 거의 같은 시간대였다. 환경이 습관을 만들어 버린 것이다. 거의 20년 이상을 같은 생활 패턴으로 살아온 나의 오래된 기상 습관이었다.

여명도 아닌 깜깜한 어둠이 내려져 있었다. 욕실에 들어가 간단한 샤워를 하고 새벽잠을 깨웠다. 출근준비를 하며 오늘만큼은 왠지 깨끗한 정장을 입고 싶었다. 공장 출근이후부터 정장 차림이 오히려 불편해 줄곧 면바지에 남방차림으로 출근을 했다. 출근 마지막 날이니 여기저기 인사도 많이 하러 다녀야 할 것 같았기 때문이다.

매일 다니던 경인고속도로를 질주하면서도 평소와 다른 느낌이 들었다. 집에서 회사까지 편도 32킬로미터, 왕복 64킬로미터였다. 적지 않은 거리를 매일같이 꼬박꼬박 다닌 걸 생각하면 스스로 정말 대단했다는 생각도 하였다. 지금껏 낸 통행료도 엄청 많을 것이라 생각하니 헛웃음도 나왔다. 알게 모르게 정이 든 출근길 주변들이 새로워 보였다.

나는 2층 늘 세우던 자리에 차를 주차했다.

항상 새벽 일찍 출근하기 때문에 주차 스트레스는 받지 않았다. 주차장은 4층으로 주차공간이 넓은 편에 속했다. 하지만 자차 출근 직원들을 다 충족시킬 순 없었다. 그러다보니 항상 출근시간인 8시면 주차장은 늘 차가 가득 차버렸다.

주차장에서 회사 정문을 통해 반대편 공장까지 가려면 대략 100미터는 걸어야 한다. 사무실은 공장안에 있었다. 예전엔 따뜻한 차 안에서 나와 새벽 찬 공기를 맞으며 사무실까지 걷는 것이 그다지 즐겁지 않았다. 간혹 누가 사무실을 굳이 공장안에 만들어 고생을 시키나 하면서 괜한 성질도 부렸다.

그런데 지금은 전혀 그런 기분이 들지 않는다. 그런 마음을 가지고 있었다는 것이 이상할 정도다. 오히려 공장까지 걷는 이 길이 조금 더 길었으면 했다.

출근 마지막 날이라 별별 생각이 다 들었다.

공장 입구에 밤샘 근무 후 교대를 기다리는 경비업체 소속 직원이 나에게 거수경례를 하며 인사를 건넨다.

"좋은 아침입니다. 차장님, 오늘도 일찍 출근하시네요."

생각에 잠긴 채 걷던 나는 인사소리를 듣고 벌써 공장 입구까지 온 것을 알았다. 나도 경비 직원을 보고 부랴부랴 인사 했다.

"안녕하세요? 고생 많으십니다. 교대하시려면 조금 더 있어야 하지요"

경비직원이 웃으며 대답했다.

"예, 조금 더 있어야지요. 그래도 이젠 얼마 안 남았으니 괜찮습니다. 그나저나 무슨 생각하시면서 오시는데 출입문 입구인 줄도 모르셨어요?"

출근하면서 자주 얼굴을 봤던 경비직원 이었다. 나는 일부러 다가가 악수를 청하면서 말했다.

"사실 오늘 마지막 출근입니다. 저도 이번에 희망퇴직 신청 했거든요. 자주 보던 분인데 작별인사는 해야겠지요."

의례적으로 인사를 건넨 경비직원은 내가 내민 손을 잡으며 깜짝 놀라 당황스러운 듯 말했다.

"아이쿠, 그래서 무언가 골똘히 생각하시면서 걸어오셨군요. 차장 님처럼 부지런하신 분도 회사를 떠나시는군요. 정말 아쉽네요!"

경비직원과 인사를 한 것처럼 오늘 많은 사람들과 이별 인사를 해야 한다.

불 꺼진 공장 안을 걸어가며 인사해야 할 사람들을 한명씩 머릿속에서 떠올려보았다. 우선 팀 식구들, 생산부문의 식구들, 전 소속인 구매부문 식구들, 품질, 연구소, 관리부문 동료들, 같이 일했던 협력사 직원들, 현장 근무자들.

일한 시간만큼 작별인사 해야 할 사람들도 많았다. 석별의 정을 나누어야 할 사람들이 계속 생각났다. 어떻게 작별인사 해야 할지, 무슨 말부터 꺼내야 할지, 얼굴 표정은 어떻게 해야 할지, 이런저런 생각하며 걷다 보니 어느새 사무실 입구까지 와 버렸다.

마지막 출근길은 정말 어색하기만 했다.

누가 할래? 나의 일

> 열망을 실현하기 위해 명확한 계획을 세우고 즉시 시작하라. 준비가 됐건 아니건 계획을 실행에 옮겨라.
>
> _ 나폴레옹 힐

마지막 출근 날.

여전히 사무실 문을 처음 연 나는 전등을 켜면서 일과를 시작했다. 다만, 여느 때처럼 자리에 앉아 컴퓨터 전원부터 켜지 않았다. 대신 사무실 전체 모습을 한번 쭉 훑어보았다. 아직 아무도 출근하지 않아 적막하게 느껴지는 사무실이었다. 왠지 지금 아니면 이렇게 둘러보기 쉬울 것 같지 않을 것 같다는 생각이 문득 들었다.

늘 그랬던 것처럼 즐겨 마시던 믹스 커피를 한 잔 마시며 몸을 따뜻하게 했다.

아직 출근시간은 1시간이 남았다. 팀원들이 오기 전까지 그동안 내가 담당하던 업무를 하나씩 종이에 적어 보았다. 업무를 인계하기 위한 준비 작업을 해야 할 것 같았다. 솔직히 내가 맡은 업무가 누구에게 배당될지는 모른다. 남아 있는 팀원 중 한 사람이 맡게 될 것은 분명한 일이다. 앞서 시행된 두 번의 구조조정 때 이미 확인된 일이었다.

나 역시 두 번의 구조조정을 거치며 원래 맡은 업무와 회사를 떠난 팀원의 업무까지 처리하느라 엄청 힘들었던 기억이 있다. 사람이 줄어든다고 일이 줄어드는 것은 아니었다. 누군가는 떠나간 사람의 몫을 맡아야만 했다. 구조조정은 회사를 떠나야 하는 사람뿐 아니라 남은 사람들에게도 고통을 주었다.

나는 관리하던 업체, 담당자 이름, 연락처가 담긴 파일을 열어 보았다. 공장이 제대로 가동되려면 협력회사에서 납품하는 부품의 수급이 매우 중요하다. 내가 맡은 역할은 협력회사 부품의 안정된 수급을 관리하는 것이었다. 협력회사에서 납품하는 부품은 완성품 제조에 바로 투입된다. 때문에 어느 부품 하나 중요하지 않은 것이 없다.

때문에 완제품 생산계획에 따라 협력회사로부터 안정적인 부품을 공급받기 위해 담당자는 공급사측과 원활한 소통을 해야 한다. 하지만 사람이 하는 일이 항상 좋을 수만은 없었다.

간혹 어이없는 경우가 생기기도 한다. 예를 들면 이런 것이었다. 협력회사의 작은 볼트가 부족한 상황이 생겼다. 생산 현장에서 부품 담당자인 나에게 긴급하게 알린다.

"차장님, B3 라인에 ○○사 볼트가 부족해요. 30분 내에 볼트가 10개 있어야 합니다."

현장의 긴급한 상황을 확인하고 나는 부랴부랴 공급사에 볼트를 요청한다.

"여보세요. ○○사 입니까? 여긴 두산인데요. 김 과장님 계세요. 아! 김 과장님, 저 두산 최 차장입니다. 긴급하게 볼트가 필요해서요. 30분 내에 규격 ○○ 볼트 30개만 가지고 오실 수 있으세요."

공급사 담당자인 김 과장도 최 차장의 목소리를 듣고 긴급한 상황임을 확인한다. 그리고는 곧바로 부품 재고 상황을 확인하고서는 이야기 해준다.

"아이고 차장님. 번갯불에 콩 뽑아 먹는 것도 아니고 이렇게 급하게 말씀하시면 어떡해요. 다행히 재고가 있네요. 최대한 빨리 가지고 가겠습니다."

전화를 끊고 나서 나는 다시 현장 상황을 확인한다. 그리고 제시간에 부품이 도착하지 못할 상황에 대비한다.

이런 경우는 그나마 아주 해피하다. 부품 가격, 크기 등과 상관없다. 부품 공급 문제는 곧바로 생산 라인에 영향을 미친다. 부품 담당자의 스트레스는 상당하다. 나 역시 30개나 되는 협력회사의 부품 수급을 담당하며 적지 않은 스트레스를 받았다. 더구나 구매에서 자재 수급업무로 전환한지 겨우 3개월 밖에 되지 않은 시점이었다.

업무의 특성을 잘 알고 있었기에 내 업무를 맡게 될 후배의 고충이 예상되었다.

출근시간이 되어 팀원들이 한 명씩 들어왔다. 모두들 자리에 앉아 일과를 준비하기 시작했다. 사무실 분위기는 여전히 좋지 않았다. 이번 구조조정으로 회사를 떠나기로 한 사람들이 누군지 아는 상태였다. 서로서로 눈치만 보는 형국이다.

오전 업무시간 나는 업무 인계서 작성을 마무리했다.

내가 맡은 부품별 협력회사 개요, 업무 담당자 연락처와 이메일 주소를 정리하였다. 발주 상황과 납품 예정일도 생산계획에 맞춰 놓았다. 내 업무를 맡을 후배 누군가를 위해 최대한 보기 좋게 만들었다.

그리곤 옆에 앉은 이 과장에게 넌지시 말을 꺼냈다.

"이 과장, 내 업무를 정리해 업무 인계서 만들었어. 내 업무는 누가할 것 같아?"

이 과장은 컴퓨터 모니터를 보며 뭔가를 확인하고 있었다. 갑작스런 내 질문에 얼른 대답하지 못하다 잠깐 생각한 뒤 말했다.

"차장님, 솔직히 아직 어떻게 될지 모르겠네요. 우선은 제가 급한 건들은 처리하겠지만 퇴직자들 업무 조정은 팀장님이 결정하셔야 할 것 같습니다."

나 역시 공감할 수밖에 없었다.

전체 팀원 가운데 벌써 3명이 희망퇴직 의사를 표명했고 추가로 떠나야 할 사람이 몇 명인지 알 수 없는 상태였다. 업무 조정을 논할 때는 아니었다.

내가 정리한 업무 인계서가 누구에게 갈 것인지 알 수는 없다. 남은 팀원 중 한 사람이 가져 갈 것이다. 나의 업무를 맡게 될 사람의 고충이 눈에 보이는 듯 했다.

마음이 불편해지면서 혼자만의 생각을 해본다.

'회사에 남는 사람의 운명일지 모르겠다. 빨리 인원을 보충해주면 좋으련만.'

사원증 반납

실패를 두려워하지마라.
실패란 전보다 훨씬 풍부한 지식으로 다시 시작할 수 있는 기회다.

_ 헨리 포드

오전 근무가 끝난 후, 나는 이 과장에게 함께 식사를 하자고 했다. 평소 내 일을 잘 도와준 이 과장에게 식사를 한번 사고 싶었는데 지금껏 실천을 하지 못했다. 회사 부근에 있는 순대국 잘하는 식당으로 향했다.

식당으로 가면서 내가 먼저 말을 꺼냈다.

"이 과장, 그 동안 고마웠어. 처음 자재부서 발령 받고 솔직히 너무 막막했어. 어떻게 다니나 고민이 많았지. 옆에서 이 과장이 여러모로 도와주지 않으면 정말 버티기 어려웠겠지."

이 과장은 그런 소리 말라는 표정으로 대답하였다.

"차장님. 그런 말씀 마세요. 그 동안 제가 잘 도와드리지 못해 오히려 죄송해요. 솔직히 구매업무만 하셨던 분이 갑자기 자재 관리하는 팀에 왔으니 얼마나 힘 드셨어요. 직원들이 나가니 업무가 가중되어 저도 정신없었어요. 더 잘 도와드렸어야 했는데 그러질 못한 것 같아 죄송했어요."

대답을 듣고 나니 이 과장이 한층 더 가깝게 느껴졌다.

점심시간이라 식당은 사람들로 꽉 차 있었다. 한쪽 자리를 겨우 차지하고 음식을 주문하고 기다리며 대화를 이어나갔다.

이 과장이 컵에 물을 따르며 나에게 물었다.

"차장님, 오후에는 무얼 하실 거예요? 오전에 업무 정리 다 하셨잖아요. 인사 나누어야 할 분들이 많으시잖아요."

최 차장이 뜨거운 물 한 잔을 마시며 대답했다.

"응, 마지막 날이니 여기저기 돌아다니며 인사 할 생각이야. 그리고 인사팀에 사원증도 반납해야 할 것 같아"

이야기를 나누는 동안 주문한 순대국밥이 나왔다. 회사에서의 마지막 점심식사는 이 과장과 함께 했다. 식사 후, 나는 본관 인사팀으로 향했다. 사원증을 반납하기 위해서.

나에게 사원증은 남달랐다.

요즘은 대부분 회사들이 사원증을 만들어 직원에게 제공해준다. 그러나 내가 신입사원이었을 때는 어느 정도 규모 있는 회사인 경우만 사원증이 있었다. 그야말로 사원증은 아무나 가질 수 있었던 것이 아니었다. 그 사람의 신분을 확인해주던 가치 있는 것이었다. 또 사원증은 회사 내 출입증 역할도 했다.

당시 공장 근무자는 사원증이 없었다. 그래서 서울사무소 동기들이 목에 걸고 다니는 사원증을 부러워했었다. 정장 차림에 사원증을 목에 걸고 빌딩 안으로 들어가는 모습을 동경한 것이다.

시간이 지나 공장 근무자들도 사원증이 지급되었다. 작업복 차림이지만 사원증을 목에 걸고 다니는 것에 만족했다. 사원증은 회사에 대한 소속감과 자부심을 느끼게 해주던 증표였다. 사원증을 인사팀에 반납하러 가는 내 마음은 무거웠다.

인사팀에 들어서자 낯익은 윤 대리가 자리에서 일어나며 인사 했다.

"차장님 안녕하세요? 식사는 하셨어요? 어쩐 일로 오셨어요?"

나도 웃으며 말했다.

"윤 대리 잘 지냈어. 사실 오늘 출근 마지막 날이야. 사원증 반납하고 작별 인사도 할 겸 왔지"

윤 대리는 놀란 표정으로 의자를 내밀며 이야기했다.

"정말이에요? 차장님도 이번에 나가시는 건가요? 인사팀에 있어도 전혀 몰랐네요. 어떻게 된 건가요?"

변화혁신 프로젝트를 함께 한 적이 있었던 윤 대리였다. 나는 목에 걸고 있던 사원증을 윤 대리에게 주며 말했다.

"이번에 희망퇴직 신청했어. 구조조정 대상으로 선정되어 나가는 것 보다는 그냥 자발적으로 나가는 것이 더 나을 것 같아서 말이야.

자, 여기 내 사원증 받아주세요. 그나마 인사팀 아는 후배에게 반납하니 다행이네."

내 사원증을 받은 윤 대리는 섭섭함을 감추지 못하면서 나를 배웅하며 말했다.

"차장님. 그 동안 수고 많으셨어요. 늘 건강하시고요. 정말 아쉽게 되었습니다."

회사를 다니며 항상 목에 걸고 다니던 사원증을 반납하니 마치 몸 일부분이 떨어져 나간 것 같은 느낌이었다. 회사를 나간다는 것이 더욱 실감났다.

깨끗해진 책상을 보며

세상에는 뛰어난 이념이란 없다. 성실한 결과만 있을 뿐이다.

_ 알리바바 CEO 마윈

12월 차가운 겨울바람이 매섭게 불어대고 있었다. 공장은 인천의 만석부두와 가까웠다. 때문에 바다에서 불어대는 차가운 겨울바람은 더욱 매섭게 느껴졌다.

나는 사원증을 인사팀에 반납하고 이전 근무했던 구매 사무실로 향했다. 사내 식당 3층을 구매 부문이 사용하고 있었다. 올해 4월초까지 나는 구매 기획팀 소속이었다. 금년 2월 첫 구조조정이 시행되고 난 뒤, 내부적으로 부서 조정 작업이 진행되었다. 나 역시 이때 갑자기 자재 관리팀으로 부서 이동을 했다. 줄곧 구매에서 근무를 한 나에게는 구매부문은 고향집처럼 느껴졌다.

퇴직인사를 하기 위해 3층 사무실로 올라간 나는 구매 담당 임원인 이 상무님 방을 우선 찾았다. 구수한 경상도 사투리가 일품인 상무님은 나를 반갑게 맞아주었다.

"최 차장 아이가. 어서 와라. 오랜만이네. 팀 바뀌고 처음 보는 거지. 그래, 어쩐 일이고. 우선 거기 앉아라."

나는 자리에 앉지 않았다. 상무님 책상 앞으로 다가가 인사를 했다.

"상무님. 안녕하셨어요. 퇴직인사 드리려고 왔습니다. 이번에 희망퇴직 신청 했습니다. 그동안 고마웠습니다. 건강하십시오."

갑작스런 나의 인사를 받은 상무님은 자리에서 일어나 내게로 오셨다. 그리고 담담하게 말했다.

"그랬나? 그래 힘든 결정 했네. 회사가 어려우니 뭐라 하지도 못하겠다. 여하튼 그동안 수고 많이 했어. 그래 앞으로 뭐 할지 계획은 있나?"

나는 상무님이 내미시는 손을 잡으며 웃으면서 대답하였다.

"고맙습니다. 상무님. 아직 특별한 계획은 없습니다. 당분간 좀 쉴 생각입니다. 쉬었다가 생각할까 합니다. 상무님도 건강하게 잘 계십시오."

상무님께 인사를 마치고 나는 구매 5개 팀을 하나씩 찾아갔다. 자리에 앉아 일하는 후배들과 한명씩 악수를 나누면서 퇴직 인사를 했다. 퇴직인사를 받은 후배들은 하던 일을 멈추고 일어나 아쉬워했다. 몇 명은 사무실 입구 앞까지 따라 나오며 나를 전송해주며 섭섭함을 표했다. 구매에 근무할 때 내게 입문교육을 받았던 신참들이었다.

퇴직하는 선배들을 보낼 때마다 내가 느꼈던 감정들을 후배들도 같이 느끼는지는 알 수 없었다. 하지만 그들의 얼굴에서 떠나가는 선배에 대한 안타까움과 함께 마지막 예를 나는 느꼈다. 고향집과 같은 구매의 모든 후배들은 내겐 동생들이었다.

구매사무실을 나와 연구소와 품질 사무실도 방문했다. 알고 지내던 직원들과 석별의 정을 나눴다. 긴 직장생활동안 이래저래 업무 교류를 했던 사람들이었다. 나의 퇴직소식을 들은 사람들 모두 그동안의 노고와 건강을 기원해주었다. 나 역시 그들 모두가 건강하게 잘 지내라는 인사를 해주었다.

회사 지인들과의 퇴직인사를 마무리한 뒤 나는 흡연실을 찾았다. 담배 한 대 피우며 잠시 생각에 잠겼다.

'사원증도 반납하고 퇴직인사도 대충 마무리했으니 들어가 책상만 정리하면 되겠구나. 입사할 땐 그렇게 힘들고 어려웠었는데 퇴직하는 건 정말 금방이네. 앞서 회사를 떠난 사람들 마음이 어땠는지 이해가 되구면.'

입에 문 담배가 타들어가는 동안 마음속은 시원함과 허탈감이 교차했다.

사무실로 돌아왔다. 평소와 다를 바 없는 내 책상에 눈길이 갔다. 중앙에 컴퓨터와 모니터가 있고 우측에는 서류를 모아 놓은 서류함이 있었다. 가족사진과 함께 사무용품은 좌측에 정리되어 있었다.

나는 빈 복사용지 박스를 가지고 와 사물을 정리하였다. 먼저 컴퓨터와 모니터, 키보드에 연결된 케이블을 정리했다. 업무관련 서류철은 이 과장에게 전달했다. 나머지 자료와 사물들도 박스에 넣었다. 마지막 개인용품은 가방에 담았다. 어느새 책상은 텅 빈 상태가 되었다. 말없이 책상 위를 닦고 있자니 만감이 교차했다.

깨끗해진 내 자리에 우리 팀 막내 석민이가 다가왔다. 그리고 조심스레 말했다.

"차장님, 벌써 책상 정리 다 하신 거예요. 뭐 도와드릴 건 없나요?"

나는 석민이 어깨를 두드리며 다정하게 말했다.

"아냐. 뭐 정리할 것도 별로 없는데. 참. 석민이 너한테 이거 줄게. 명함꽂이야. 나는 필요 없을 것 같아. 얼마 전에 구입한 새 거야. 넌 앞으로 명함을 많이 받을 테니까 유용할거야."

석민이가 어쩔 줄 몰라 하다 명함꽂이를 받으며 대답하였다.

"차장님, 감사합니다. 잘 쓰겠습니다. 차장님 남겨 주시는 선물이라 생각하겠습니다."

퇴근시간을 알리는 음악소리가 들려왔다. 이제는 떠나야 할 시간이되었다. 나는 자리에서 일어나 팀원들과 악수를 나누며 마지막 인사를 했다.

"자, 이제 나가야 할 시간이네. 모두 건강하게 잘 지내라. 그동안 모두 고마웠어."

사무실에 있는 팀원들 손을 한명씩 잡았다. 떠나는 선배를 배웅하는 것이 이젠 어색하지 않은 것 같았다. 이미 앞서 두 번의 경험이 그렇게 만들어 버렸다. 하지만 나는 달랐다. 배웅하던 처지에서 배웅을 받는 처지가 되었기 때문이다.

함께 동고동락하던 팀원들의 환송을 받으며 사무실을 나왔다. 공장맨 구석에 위치해 평소에는 정이 안 가던 사무실이었다. 그러면서도항상 제일 먼저 들어서든 사무실이었다. 다시 오지 못한다 생각하며사무실을 한 번 더 바라보았다.

공장 입구까지 나온 이 과장이 내 가방을 넘겨주며 마지막 인사를해준다.

"차장님, 그동안 고생 많으셨습니다. 늘 건강하시구요. 잘 가세요."

최 차장은 무거운 발걸음을 내딛었다.

정들었던 회사 문을 나서며

과거를 자랑하지 마라. 옛날이야기밖에 가진 게 없을 때 당신은 처량해진다.
삶을 사는 지혜는 지금 가지고 있는 것을 즐기는 것이다.

_ 세익스피어

후배들의 환송을 받으며 정든 사무실을 나왔다.

나는 긴 회사생활 비해 너무 적은 짐만 든 채 매서운 바람을 온 몸에 맞고 걸었다. 출퇴근 때마다 걸어 다닌 주차장 가는 길이 왠지 낯설게 느껴졌다.

내딛는 한걸음마다 지나온 시간의 기억이 한 편 영화장면처럼 머릿속에 지나갔다.

1991년 10월 나의 사회생활은 시작되었다. 숙부님 소개로 작은 개인회사의 신입사원으로 들어갔다. 가방, 지갑, 잡화류를 만들어 미국에 수출하던 회사였다. 당시 중국 산동성 '위해'라는 곳에서 반제품을 만들어 국내에서 완제품으로 제작해 수출하던 회사였다. 중국어 전공인 나한테 적합하다고 생각해 숙부님이 소개한 회사였다.

그 회사에서 생활은 2년을 채우지 못했다. 다양한 실무경험이 장점이라면 근무여건과 급여수준은 단점이었다. 명절과 휴가에만 지급하던 보너스도 사정에 따라 지급되지 않았다. 차츰 좁은 곳을 벗어나 더 넓은 곳으로 나아가야겠다는 생각을 하게 되었다. 철부지처럼 생활했던 내가 처음 돈 버는 것이 얼마나 힘들다는 것을 느끼게 되었다. 어쩌면 더 성장한 나를 만났던 것이었다.

새로운 도전을 위해 나는 부족한 부분을 하나씩 보완해나갔다. 퇴직금으로 받은 80만원은 학원비와 생활비로 사용했다. 6개월을 힘들게 생활했지만 희망을 잃진 않았다. 어느 날 나는 우연히 대우그룹 공채 채용 광고를 보았다.

나는 곧바로 지원 신청을 했다. 당시 대우는 자동차 사업에 그룹 사활을 걸다시피 했다. 입사 후, 3년간 자동차 영업 OJT 기간을 거쳐야 했다. 첫 직장의 힘든 경험은 자동차 판매정도는 걸림돌이 되지 못했다. 오히려 영업을 할 수 있다는 것을 좋은 기회라 생각했다. 면접관에게 나의 각오를 확실히 각인시키려고 큰 소리로 100대는 팔겠다는 호기를 부린 기억이 난다. 결국 나는 소망한 크고 넓은 무대로 도약할 수 있었다.

대우 입사는 내 인생에 큰 획이 되었다. 용인 그룹연수원에서의 신입사원 교육은 자부심과 자긍심을 가지게 했다. 신입사원 교육 후, 태릉에서 자동차 영업을 시작했다. 초보 영업사원 시절 무조건 명함을 들고 광화문부근 빌딩들을 돌며 판촉활동을 했다. 자동차 운전 시험장에서는 시험 응시생에게 자동차 판매 책자를 드렸다. 빌딩 경비에게 욕도 많이 얻어먹었다. 간혹 인격을 무시당하기도 했다. 하지만 초심을 잊지 않으려고 했다. 만나는 고객에게 진정어린 마음과 성실한 자세를 보이고자 애썼다.

3년의 짧지 않은 자동차 영업은 나를 더 단단하게 만들었다. 성실한 자세와 적극적인 생각도 선물로 받았다. 어렵고 힘든 OJT 기간이었다. 또 최선을 다한 기간이기도 했다. 나는 강북본부 파견사원 가운데 판매 2위라는 우수한 성과를 내며 OJT 기간을 마무리 했다. 그리고 대우중공업이란 회사를 선택하는 기회도 얻게 되었다.

OJT 기간에 사랑하는 사람을 만났다. 서울생활 4년 만에 원하던 직장과 평생의 반려자를 가질 수 있었던 나는 행운아였다. 신혼인 내게 대우중공업 입사 역시 행운이었다. 나의 원 소속사는 거제에 있었던 대우조선이었다.

대우중공업은 대한민국 중공업의 상징인 회사였다. 그런 회사의 직원이 된다는 것이 너무 기뻤다. 신혼집인 상계동에서 인천 회사까지는 1시간 30분 이상 걸렸다. 매일 새벽 5시 출근길에 올랐지만 가슴이 뛰었던 기억이 난다.

그러나 새 회사와 새 업무에 적응하기가 쉽지 않았다. 영업은 외근이 대부분이었지만 사무실 근무는 거의 감옥에 갇힌 기분이었다.

처음 배정받은 업무는 수출입 부품 관리였다. 수출입 업무는 세관을 상대해야 할 일이 많았다. 세관공무원을 상대하는 일이 낯설고 어려움도 있었다. 시간이 지나자 점점 노하우도 생겼다. 자동차 영업 때 고객 관리와 성실함과 진정성을 체화한 것이 큰 도움이 되었다. '어떤 경험도 도움이 되지 않은 것은 없다'라는 말을 경험한 것이다.

99년 7월 김우중 회장 퇴진과 대우그룹 해체되는 일이 발생했다. 대우중공업은 워크아웃 체제로 들어갔다. 회사명도 대우종합기계로 변경되었다. 다행히 회사는 계열사 중 가장 빨리 워크아웃 체제에서 벗어났다.

하지만 대우종합기계는 2005년 두산그룹이 인수하게 된다. 두산인프라코어라는 이름으로 거듭 태어나게 되었다. 입사 후, 나는 회사가 대우중공업, 대우종합기계, 두산인프라코어로 사명이 바뀌는 격동의 시간을 보냈다. 나 역시 직장인으로, 한 가정의 가장으로 성장의 시간을 보냈다.

두산인프라코어는 곧 두산 그룹의 주요 계열사로 자리매김하였다. 나는 근무지를 동대문 두산타워로 옮겼다. 공통자재구매팀으로 이동하게 되었다. 사무용품, 전산용품, 총무용품 등의 공통 자재와 부자재 구매 업무를 새로 담당하게 된 것이다.

드디어 본격적인 구매업무를 하게 되었다. 과장이던 그 시절 나는 협력회사와 협업하며 원가절감 활동에 최선을 다했다. 구매하던 품목수가 3만여 개가 넘었다. 구매금액은 400억 정도였다. 그 만큼 책임감이 느껴졌다. 부자재 일부를 중국에서 구매하는 프로젝트를 진행하여 소기의 성과를 낼 수 있었다. 구매담당자로서 자긍심을 가질 수 있었다. 덕분에 차장 진급이라는 선물도 함께 얻었다.

차장 진급 후 구매기획팀으로 이동하였다. 회사의 주력 제품인 건설 중장비 부품을 구매하기 위한 전략과 협력회사들을 관리하는 역할을 담당하게 되었다. 담당 임원의 보고 자료를 작성하고 협력사 대표들과의 소통 창구로 활약하던 시절이었다. 직장인으로 절정이었던 시절이라 할 수 있었다.

지난 시간 속에 담겨진 즐거웠던 추억들, 힘들었던 기억들을 생각하다 보니 어느 새 주차장에 와 있었다. 가지고 온 가방을 차에 놓고 주차장 앞으로 펼쳐진 회사 전경을 하나하나 다시 훑어보았다. 내 젊은 시절을 보낸 정든 곳들이 내 눈에 들어왔다 사라졌다.

회사 정문 바리게이트가 올라오자 마지막 퇴근길인 것을 아는 것처럼 경비가 거수경례로 인사를 해준다. 그렇게 회사를 떠났다. 겨울 해가 서쪽으로 넘어가고 있었다.

먼저 회사를 떠난 선배가 후배에게

○○○ 차장 잘 지내고 있지!
회사를 떠난 지 벌써 10개월이 넘어 가네
회사를 나오면서 간혹 연락 주고받자 했는데 실천을 못했네.
하지만 마음에는 항상 옛 동료로 후배로 동생으로 남아있어.
오늘은 회사를 먼저 떠난 선배로 현직에 남은 후배에게 해주고 싶은 말
이 있어 몇 자 적어보네.
먼저 자기 분야의 전문가가 될 수 있도록 해.
맡은 업무의 전문가 소리를 들으면 회사에서도 붙잡을 것이고 회사를
나와도 유리하거든. 업무와 관련된 자격증도 취득할 수 있으면 더 좋고.
아울러 본인의 인맥과 평판을 잘 관리하도록 해.
본인 주위에 좋은 사람이 많이 있는지 돌아봐.
남는 건 사람뿐이라는 것을 나중에 알 수 있거든.

또 회사에 있을 때 미리 제2의 삶을 어떻게 살지 생각해.
퇴직 후의 삶을 미리 준비하는 것. 너무 중요한 것 같거든.

제일 중요한 것은 나를 돌아보는 시간을 가지는 것이야.
가장 중요한 사람은 그 누구도 아닌 바로 '나' 거든.
무엇을 위해, 누구를 위해 일하고, 살아가는지를 생각해.

먼저 회사를 떠난 선배로서 가장 해주고 싶은 말을 추려서 보내는 것이
니 너에게 도움이 되었으면 해.

열심히 새 삶을 준비하고 있으니 내 걱정은 말고 앞으로 자주 연락하자.

_ 2016.10.19. 연희동에서 최○○

04장
백수의 세계에 들어서다

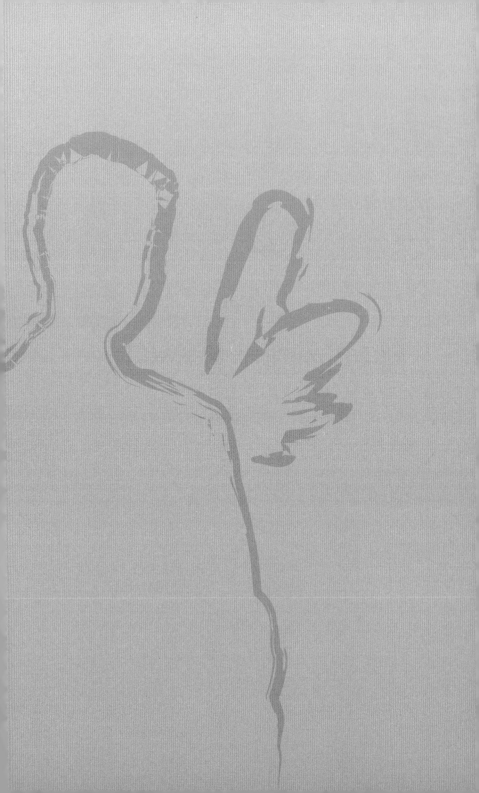

변함없는 알람소리

부를 얻고 싶다면 새로운 길을 선택하십시오. 다른 사람이 이미 개척해 놓은 길을 노리며 어슬렁거려서는 절대 안됩니다. 남과 달라야만 더 큰 부를 얻을 수 있습니다.

_ 록펠러

평소와 다름없는 퇴근길이었다.

여전히 경인고속도로는 퇴근차량들로 붐비고 있었다. 상습 정체 구역인 부평체인지, 신월 부근은 변함없이 거북이 운행을 해야 했다.

핸들을 잡은 내 머리 속은 평소 퇴근길과는 달랐다. 이런저런 생각으로 복잡했다. 이전에는 아무 생각없이 빨리 집에 도착하는 것만 집중했다. 하지만 마지막 퇴근길이라고 생각하니 차창 사이로 지나가는 건물들조차 새롭게 보였다.

'그래, 지금껏 앞만 보고 열심히 달려 왔어. 나름 이 정도면 열심히 살아왔지. 아무것도 없이 맨 몸으로 시작한 것치고는 많은 것을 가지게 되었잖아.'

'이제 회사라는 울타리는 없어졌어. 모든 것은 내가 알아서 해야 한다고. 새로운 삶을 살아가기 위해 독하게 마음을 먹어야 돼. 근데 잘 할 수 있을까? 혹시 잘못되면 어떡하지?'

이렇게 스스로를 치켜세우며 위로와 불확실한 미래에 대한 걱정을 번갈아가며 했다.

거북이 주행을 하던 구간을 벗어나서부터 속도를 제대로 낼 수 있었다. 잠시 생각을 멈추고 운전에 집중했다. 마지막 퇴근길은 1시간 정도 걸렸다. 나는 주차장에 차를 세우고 싣고 온 사물 박스와 가방을 들고 집으로 들어갔다.

현관문을 열고 거실로 들어서니 아들과 딸이 뛰쳐나오며 인사를 한다. 부엌에 있던 아내도 젖은 손을 행주에 닦으며 맞아준다. 들고 있는 사물 박스를 보고 아이들이 말한다.

"아빠, 이건 뭐예요. 우리 주려고 가져 왔어요?"

하면서 내 손에서 박스를 가져간다. 아빠의 퇴직소식을 모르는 아이들은 자기들 선물이라 생각한 것이다. 아이들을 보면서 미소를 지으면서 말했다.

"야. 너희들 생일도 아닌데 무슨 선물 타령이니? 아빠 사무실 물건들 정리하면서 불필요한 것들 갖고 온 거야. 아빠 방에 놓아 줄래"

아이들은 금방 실망한 얼굴이 되었다. 옆에서 지켜보던 아내는 조용히 내 가방을 들어주며 말했다.

"어서 오세요, 손만 씻고 오세요. 식사준비 다 되었어요"

아내는 회사생활을 정리하고 돌아온 나의 마음을 아는 것 같았다.

식사 후 나는 소파에 앉아 뉴스를 보았다. 설거지를 끝낸 아내가 옆에 와 앉았다.

"마지막 출근한 기분이 어때요? 잘 마무리했어요? 그동안 고생 많았어요."

아직 퇴직할 나이도 아닌데다 준비도 되지 않은 상태로 갑자기 회사를 나온 내게 아내가 '그동안 수고 했다'라 해주니 오히려 미안한 생각이 들었다.

나는 퇴직 안내문과 퇴직금 예상금액이 적힌 명세서를 아내에게 건네며 대답했다.

"솔직히 한편으로는 시원하고 한편으론 아쉬워. 마음 정리가 잘 안되네. 그동안 함께 한 사람들에게 퇴직인사를 했더니 모두 놀라면서 위로와 격려를 해주더군. 이건 인사팀에서 받아온 퇴직 안내문이야. 퇴직금은 한 달 정도 뒤에 입금해준데."

서류를 받아 본 아내는 나를 보며 다정히 말했다.

"당분간은 푹 쉬며 건강부터 챙겨요. 새로 일 시작할 때까지 아껴서 생활하도록 해보죠. 아이들에게 아직 이야기 하지 않았으니 당신이 적당할 때 하는게 좋겠어요."

가만히 아이들 방문을 열어 보았다. 이제 초등학교 5학년. 결혼 10년 만에 얻은 귀한 자식들이다. 한 번에 아들과 딸을 주신 하느님께 감사를 드리며 기뻐했던 기억이 지금도 생생하다. 두 녀석 모두 숙제한다고 집중하는지 아빠가 방문 여는 것도 모른다.

잠자리에 들어가 눈을 감고 잠을 청하며 나는 다시 생각에 잠겼다.

'그 동안 소홀했던 가족들을 앞으로 더 잘 챙기자. 회사는 나왔지만 책임져야 할 가족을 위해 빨리 일을 갖자. 열심히 알아보면 내가 일할 회사가 없겠어. 정신만 해이해지지 않는다면 뭐든 할 수 있어. 가족을 위해 무슨 일이라도 한다는 각오를 다지자.'

오늘 하루 내겐 참 의미 있는 날이었다. 긴 회사생활을 마무리하는 날이었다. 그리고 또 다른 시작을 하는 날이기도 하다. 오랜만에 깊은 잠을 청할 수 있는 날이다.

"뜨러렁 뜨러렁 뜨러렁 뜨러렁 일어날 시간입니다."

"뜨러렁 뜨러렁 뜨러렁 뜨러렁 일어날 시간입니다."

베개 옆 핸드폰의 알람이 계속 울린다. 알람은 변함없이 정확한 시간에 나를 깨우기 위하여 울려대고 있다. 잠결에 손을 뻗어 핸드폰에 표시된 시간을 확인한다.

액정에 5시20분이 표시되어져 있다. 무거운 몸을 일으켜 욕실로 향했다. 세면대에 물을 받으며 거울을 쳐다보았다. 거울 속 비친 나를 보다 그제야 알게 되었다.

'아! 이젠 출근할 필요가 없네.'

너무 길어진 하루

사람은 운이 트일 때까지 버텨내는 끈기와 근성이 있어야 한다.

_ 삼성 창업주 이병철 회장

연말이 되면 회사원들은 내년 달력을 꺼내 휴일 숫자를 세곤 한다. 연휴가 많으면 왠지 모르게 기분이 좋아진다. 반대로 연휴가 별로 없으면 실망한다. 쉬는 날에 대한 기대감 때문이다.

OECD(경제협력개발기구) 회원 34개국 중 연간 근로시간이 가장 많은 나라가 바로 '한국'이다. 2014년 기준 우리나라의 연간 근로시간은 2천 124시간이다. 멕시코 2천 228시간에 이어 두 번째로 많다.

_ 한국일보 6.19자 보도기사

회사는 개인의 삶과 일의 균형을 강조하곤 한다. 그러나 근무를 하다 보면 빛 좋은 개살구인 경우가 많다. 실제로 대부분의 직장인들은 정상적인 출퇴근 시간을 지키면서 생활하지 못한다. 정해진 출근 시간이 있는 반면 정해진 퇴근시간은 없다는 것이 현실이다. 물론 다 그런 것은 아니다. 하지만 직급이 올라갈수록 출근시간처럼 퇴근시간을 칼처럼 챙길 수 있는 배짱 두둑한 사람은 없다.

나 역시 그랬다. 새벽에 집에서 나와 귀가하면 깜깜한 밤이었다. 해가 떠오르기 전에 출근했다가 해가 진 후 퇴근하는 날이 대부분이다. 물론 남들보다 먼저 출근하여 자기 계발과 그 날 할 일을 체크하는 것이 습관이 되었기 때문이다. 업무가 시작되면 회의 참석, 자료

검색, 보고서 작성, 협력사와 전화 통화 등 정신없이 바쁘다. 하루가 어떻게 지나갔는지 모를 정도로 시간은 금방 흘러갔다. 퇴근시간까지 일이 마무리가 되지 않는 경우가 많았다. 그럴 땐 회사에서 식사하고 한두 시간 야근하고 사무실을 나왔다. 월요일부터 금요일까지 다람쥐 쳇바퀴 돌듯이 생활했다. 그런 생활에 익숙했던 나였다. 퇴직하고 얼마동안 매일 울리는 알람소리와 함께 마치 로봇처럼 자동으로 눈이 떠졌다. 습관이 얼마나 무서운 것인 줄 새삼 느꼈다.

출근할 때처럼 새벽에 일어나긴 했지만 더 이상 출근 할 필요가 없으니 적응이 쉽지 않았다. 여전히 가족들은 잠을 잔다. 혼자 새벽에 할 수 있는 일을 찾지 못해 당황스럽기까지 했다.

거실 소파에 비스듬히 누워 텔레비전을 켰다. 리모콘을 이리저리 누르며 무엇을 볼지 고민하다 KBS 시사프로를 선택했다. 프로그램 제목이 '명견만리' 다. 간혹 주말 여유 시간에 보던 프로그램이었다. '명견만리'는 '먼 앞의 일을 훤하게 알고 있다'라는 뜻이라 한다. 뛰어난 관찰력이나 판단력을 일컫는 말이다. 미래 문제를 함께 고민하고 이야기하며 해결하자는 기획의도로 만들어졌다고 한다. 화면상 오늘 주제가 '생각하는 힘'이라 적혀있다.

이 시간에 이렇게 이런 자세로 텔레비전을 볼 수 있다는 사실이 참 낯설게 느껴졌다. 그러면서 마음속에서 이런 모습을 고대하고 있었는지도 모른다는 생각도 들었다.

방송이 끝나 갈 무렵 아내가 방에서 나왔다. 텔레비전을 보는 나를 보고 아무 말도 없다. 그리고는 아이들 방에 들어가 잠자는 녀석들을 깨우기 시작한다. 오전 8시가 되어가고 있다. 평일 아침 시간 가족의 일상을 이제야 확인 할 수 있다. 얼마 전까지만 해도 지금 즈음은 모닝커피를 마시며 출근한 직원과 인사를 나누고 있을 때였다.

아이들이 학교에 갈 준비를 마치면 나도 함께 집을 나섰다. 아침시간에 집안에 아내와 단둘이 있는 것이 왠지 어색했기 때문이다. 아이들을 배웅하고 나면 마땅히 갈 곳이 없다. 출근시간은 지난 후라 지나다니는 차들도 많이 줄어 있다.

'이럴 줄 알았으면 미리 가야할 곳을 생각해 놓을 걸 그랬나.' 하는 생각을 했다.

결국 나는 지하철을 타기로 했다. 어디로 갈지 목적지를 정하지 않고 2호선 홍대 지하철역으로 향했다. 지하철역 역시 출근시간 후인지라 생각보다는 복잡하지 않다. 큰 돈 안들이고 독서할 수 있는 장소로 지하철을 생각한 것이다. 지하철을 타고 책을 읽으며 내리고 싶은 곳에 내렸다가 다시 지하철을 타기를 반복했다. 오르내리는 사람 구경도 하고 책도 읽으며 시간을 보냈다.

전에 신문에서 퇴직자들이 아침 일찍부터 시간을 보내려고 등산이나 도서관에 간다는 기사를 읽었다. 그때는 이해가 안 되었다. 지금은 남의 일이 아니라는 사실을 절실하게 느낄 수 있었다.

'어딘가 다닐 수 있다는 것이 참 행복한 거구나' 라는 생각도 했다.

새벽부터 밤늦은 시간까지 회사 울타리에서 지내던 시절에는 느낄 수 없었던 것이다. 그렇게 빨리 지나가던 시간이 막상 퇴직하고 회사 울타리를 벗어나니 너무 느리게 가는 것 같다.

갑자기 너무 길어진 하루가 어색하다. 긴 하루를 보내는 것 역시 힘들다. 할 일은 없고 시간은 남아도는 생활이 쉽지 않을 것 같다.

드디어 백수 생활이 시작된 것이다.

갑자기 사라진 사람들

영원히 살 것처럼 배우고 내일 죽을 것처럼 살아라.

_ 마빈 토케이어, 종교인

직장은 정글과 같은 곳이다.

회사에 갓 입사한 신입사원은 열심히 일하는 모습만으로도 인정받을 수 있다. 하지만 직급이 올라갈수록 열심히 일하는 것만으로는 부족하다는 것을 알게 된다. 한 단계 한 단계 올라갈수록 자리는 한정되어 있고 그 자리를 차지하고자 치열한 경쟁을 해야 한다. 결국 경쟁에서 이긴 사람은 살아남고 진 사람은 자연스럽게 도태되거나 정체된다. 정글 같은 직장생활을 하다 보면 누구나 한번쯤 상처를 받는다.

'빨리 가고 싶으면 혼자 가라. 하지만 멀리 가려면 함께 가라'

내가 좋아하는 아프리카 속담이다.

돌이켜보면 직장생활을 무난히 할 수 있었던 가장 큰 이유는 사람을 대하는 태도였다. 나에게는 사람을 편하게 해준다는 강력한 무기가 있었던 것이다.

내가 사람 대하는 올바른 태도를 가질 수 있었던 것은 신입사원시절부터다. 한 선배의 생활 모습에 큰 감동을 받았기 때문이다. 그 선배는 고등학교 졸업 후 운동 특기생으로 입사한 케이스였다. 그 선배는 항상 웃는 얼굴로 보는 사람마다 인사를 건넸다. 웃는 얼굴로 인사 잘 하는 사람을 누구도 싫어하지 않는다. 게다가 사적인 일도 진심으로 다가가 도와주는 모습을 자주 볼 수 있었다. 그런 선배에게 나는 끌리게 되었고 친해지려고 먼저 다가갔다.

어느 날 선배에게 왜 그렇게 사람들을 잘 대해 주는지 물어본 적이 있었다.

"선배님! 궁금한 거 하나 물어봐도 돼요? 평소 사람들에게 하시는 모습이 정말 보기 좋아요. 항상 웃으며 인사도 먼저 하시고 늘 다른 사람들에게 먼저 다가가시는데, 왜 그렇게 하시는지 궁금해요."

선배는 나를 보며 다정하게 웃으시며 말을 하였다.

"그래, 그렇게 말해주니 고마워. 난 정말 회사 동료들이 고맙게 느껴져. 솔직히 학교 때부터 운동만 해왔기 때문에 내겐 부족한 것이 너무 많아. 그런 나를 동료로 후배로 대해주는 것이 너무 감사해. 때문에 나도 사람들을 좋아하지 않을 수 없어. 그러니 만나는 사람에게 반갑게 인사도 하고 도울 일이 있으면 정성을 다하는 거지."

선배 말을 듣고 나는 큰 감동을 받았고 깨닫게 되었다.

'항상 나의 부족함을 알자. 그리고 부족함을 도와주는 동료들에게 고마움을 갖자.'

그 후, 나는 상대방 입장을 이해하고 배려하려 노력했다. 업무 관련된 협력회사 직원에게도 마음을 열고 다가가려 노력했다. 마음의 문을 닫은 채 자신의 입장만 내세우던 그들도 시간이 지나면서 내 마음을 알게 되었다. 그리고 서로 도움되는 방향으로 일을 처리 하곤 했다. 업무가 바뀌었어도 연락을 계속 주고받는 정도가 되었다. 덕분에 나는 대인관계가 원만하다는 평가를 받았다. 아울러 괜찮은 사람으로 인정도 받을 수 있었고 주위에 사람들이 많아지기 시작했다.

직장생활 하면서 여러 번 어려운 상황에 부딪혔다. 그 때마다 나는 많은 사람들의 도움을 받으며 문제를 해결해 나갈 수 있었다. 나도 다른 사람들에게 도움을 요청받으면 성의껏 도와주었다. 남의 장점을 돋보기로 보기 위해 노력하였다. 내 업무와 관련된 사람을 내 편으로 만들기 위해 정성도 쏟았다. 동료들과 협력을 통해 성과를 내는 것을 당연히 생각했다.

회사 울타리를 벗어나니 상황은 달라졌다. 주위에 많았던 사람들이 갑자기 모두 다 사라진 것 같았다. 인정하긴 싫지만 받아들여야 하는 현실이었다.

퇴직하고 나니 기존 알고 있던 사람과 연락하는 것도 어색해졌다. 종일 핸드폰으로 걸려오던 전화 역시 확연히 줄었다. 회사 다닐 때와 완연한 차이를 보였다. 게다가 전화를 했는데 안 받으면 그 사람이 왠지 일부러 피한다는 생각도 들었다.

그럴 때면 슬픈 생각마저 들었다.

'어쩌면 나만 다른 사람들과 인간적으로 관계를 맺고자 했나 보다. 다른 사람들은 나를 비즈니스 상대로만 인식했었나 보다'

그건 '직장생활에서 남는 건 사람뿐이야'라고 생각하며 살아온 내겐 퇴직의 아픔만큼 슬픈 일이다. 아무쪼록 나의 기우이길 바랄 뿐이다.

조직을 떠나는 순간, 정성스럽게 만들어 온 인맥 사슬고리는 너무 쉽게 끊어진다는 것을 알게 됐다.

마치 주위에 많던 사람들이 모두 바닷가 백사장 모래를 손으로 잡은 것처럼 다 사라져 버린 것 같았다.

친구들의 위로주

내 앞을 가로막는 벽은 곧 내가 열어야 할 문이다.

_ 노자, 도덕경중에서

회사를 떠난 지 한 달이 지나갔다.

퇴직자 프로그램을 통해 실업급여 신청에 대한 정보를 들었다. 퇴직 후 2주 뒤에 신청하라고 했다. 인사팀에서 퇴직 서류를 처리하는 시간을 고려해야 한다고 했다.

2월 중순에 관할 서부 고용지원센터를 방문했다. 재직 시 꼬박꼬박 낸 고용보험을 돌려받는다는 생각에 문을 열고 당당히 들어서다 이상한 느낌이 들었다.

안내 직원에게 실업급여 신청을 하러 왔다고 했다. 그러자 안내 직원은 교육을 받아야 한다고 했다. 그러면서 오전 교육은 이미 시작된 상태라 오후에 다시 오라고 했다. 시계를 보니 11시가 다 되어가고 있었다. 별수 없이 오후 교육을 받기 위해 재방문을 해야 했다. 사전에 교육시간을 확인하지 않은 것을 후회했다.

점심식사 후, 다시 지원센터를 찾았다. 실업급여 신청하려면 실업급여 수급 교육을 받아야 한다는 것도 처음 알았다. 안내를 받으며 교육장에 들어갔다.

나는 교육장에 들어서는 순간 충격을 받았다. 넓은 교육장 안에 교육을 받기 위해 온 사람들로 꽉 차 있었기 때문이다. 대충 눈대중으로 보아도 200명도 넘었다.

'우와, 이 사람들 모두 실업급여를 신청하러 온 건가? 하루 두 번 교육을 한다고 하더니 도대체 몇 명이나 되는 거야.'

뉴스나 신문을 통해 경제가 어렵다는 기사를 보면서도 실감하지 못했다. 실업급여 신청을 하면서 어려운 경제 상황이 피부로 와 닿았다.

1시간 정도 교육을 받았다. 생각처럼 실업급여 수급은 쉬운 것이 아니었다. 그동안 낸 고용보험을 돌려받는 정도로 알았었다. 그것은 착각일 뿐이었다. 강사는 실업급여 받으려면 구직활동 실적을 제출해야 한다고 했다. 또 부당한 수급 행위가 발각되면 그 정도에 따라 엄중한 처벌도 받을 수 있다고 했다.

교육을 받고 나오며 문득 이런 생각이 들었다.

' 정말 쉬운 건 없구나. 실업급여 신청을 하였으니 국가에서 인정한 실업자가 된 셈인가'

씁쓸한 기분으로 고용센터를 나왔다. 고용센터를 나온 나는 고등학교 친구들과 만나기로 한 장소로 향했다. 같은 서울에 살면서도 만나기가 어려운 친구들이었다. 내 퇴직소식을 듣고 위로해준다는 핑계로 술자리를 만든 모양이었다.

약속장소 도착하니 오랜만에 보는 친구들 모습이 눈에 들어왔다. 항공사 기장인 우식, 항공사 객실 사무장인 준경, 외국에서 사업하는 성민이가 앉아 있었다.

"야, 오랜만이다. 잘들 지냈냐?"

나는 친구들이 앉은 테이블로 다가가 반갑게 인사를 했다. 친구들도 손을 들어 반가움을 표시하였다.

" 어서 와라, 오랜만이네. 좀 늦을 줄 알았는데 잘 찾아 왔네."

자리에 앉자, 내 빈 잔에 소주를 따라주며 준경이가 나를 반겨 준다.

" 그래, 회사 나왔다며. 어떻게 지내고 있냐?"

내가 대답할 틈도 없이 사업을 하는 성민이가 묻는다.

" 얼굴 보니 살 만한가 보네. 회사로부터 자유의 몸이 된 기분이 어떠냐? 아무튼 그동안 고생했다. 자, 한잔씩 마시고 우리 실업자 친구 이야기 한번 들어보자."

우식이 역시 틈을 주지 않고 웃으면서 말을 꺼냈다.

오랜만에 만난 친구들은 격의 없이 질문을 해댔다. 다함께 건배를 하고 소주잔을 비웠다. 우식이 빈 잔에 소주를 채워주며 나는 대답했다.

"야, 친구들 숨 좀 쉬고 물어라. 뭐가 그리 급하냐. 난 오늘 오후에 실업급여 신청 하고 왔다. 이제는 국가가 인정하는 실업자다. 그런데 솔직히 아직도 실업자가 되었다는 것이 실감은 안 난다."

"그래, 하긴 시간이 얼마 지나지 않았으니 이해한다. 그런데 너희 회사가 그렇게 어렵냐? 아직 퇴직할 나이도 아닌데 내보내는 걸 보면 안 좋긴 안 좋은가 봐."

소주잔을 비운 준경이가 회사에 대해 물어 왔다.

"믿었던 중국시장에 문제가 생겼지. 때문에 회사가 급속도로 안 좋아진 모양이야. 작년에만 구조조정을 세 번이나 했다. 두 번은 버텼는데 마지막은 못 버티겠더라. 참 힘들었지. 내가 나올 땐 젊은 친구들도 많이 그만두는 상황이었으니까."

나도 앞에 있던 소주잔을 비우면서 대답했다.

"그랬구나. 하긴 요즘 잘되는 회사가 어디 있냐? 중국도 옛날 중국이 아니잖아. 그동안 엄청 발전했으니까. 우리 기업들 경쟁력이 갈수록 약해지는 것 같아. 그래, 너 앞으로 뭐 계획은 있냐?"

우식이가 내 빈 잔에 소주를 따르며 물었다.

"너희들도 아는 것처럼 난 대기업 구매업무만 해왔어. 늘 갑의 위치에서 일을 한 셈이지. 구매하던 금액이 몇 백억이었고 관리하던 협력회사도 수십 개였어. 하지만 지금 생각하면 근무연수가 쌓일수록 늘어난 건 행정업무 처리하는 속도뿐이었던 것 같아.

변명 같지만 나도 이렇게 빨리 회사를 나오게 될 줄 몰랐어. 결국 준비하지 않은 상태로 회사를 나온 셈이지. 그러니 당장 무슨 계획이 있다는 건 거짓말이겠지."

내 이야기를 듣고는 성민이가 말했다.

"어쨌든 회사는 나왔으니 천천히 무얼 할 건지 잘 생각해봐. 너보다 먼저 회사를 나온 내가 해주고 싶은 말이 있어. 이젠 너도 대기업 타이틀은 잊어야 할 거야. 그리고 제일 먼저 건강부터 신경 써. 무얼 하든지 몸이 건강하지 않으면 도루묵이니까. 자, 그래도 이렇게 얼굴을 볼 수 있어 좋다. 한 잔씩 더 하자."

친구들과 즐거운 시간을 마치고 헤어졌다. 친구들의 위로와 조언을 진심으로 받아들였다. 그러면서 여전히 회사를 다닐 수 있는 친구들이 부러웠다. 이전에는 느끼지 않았던 이상한 감정을 가지고 무거운 발걸음을 내딛었다.

이거 공황장애 아냐!

자신을 믿어라. 그러면 누구도 당신을 막지 못할 것이다.

_ 에밀리 과이, 미국 저술가

불과 몇 달 전만 해도 출근을 위해 새벽 5시에 일어났었다.

매일 새벽잠에서 깨어날 수 있었던 것은 나 자신과의 싸움에서 이기기 위해서다. 하지만 침대에서 일어나기 전에 '5분만 더', '5분만 더'를 주문처럼 외쳤다.

그러면 몸은 물젖은 솜뭉치처럼 천근만근이 되곤 했었다. 그런 생활을 지속하며 항상 꿈꾸던 것이 있었다. 그건 자유로운 시간에 대한 욕망이었다. 실컷 잘 수 있고, 먹고 싶을 때 먹고, 책이나 영화를 원 없이 보고, 친구들과 만나 마음껏 회포를 풀 수 있는 자유로운 시간을 꿈꾼다. 아마 모든 직장인들이 가지는 로망이 아닐까?

회사가 어려워지면서 하루하루 벼랑 끝에 선 느낌이었다.

본격적인 구조조정이 시작되자 새가슴이 되어 버렸다. 이런 생활을 계속 할 수 없다는 생각이 들었다. 그래서 세 번째 구조조정이 시행되자 명예퇴직을 결심했다.

한동안 평소 꿈꾸던 자유로운 시간을 맘껏 누릴 생각을 했다.

'그래, 이왕 퇴직한 거 얼마간이라도 어깨를 짓누르던 등짐을 내려놓자. 자유롭게 보내자. 영화도 실컷 보고, 책도 원 없이 읽어 보자. 그리고 마음 맞는 친구들과 소주잔도 기울여보고 혼자 여행도 떠나야지.'

퇴직하면 주변 사람들도 그동안 수고했다며 어느 정도 자유롭게 보내는 것을 인정해준다. 나 역시 한 달을 그렇게 보냈다. 처음엔 출근시간에 일어나서 하루 일과를 시작했었다. 하지만 기상시간이 점점 늦어지게 되었다. 낮엔 취미생활을 즐기고 밤에는 만나지 못했던 친구들과 회포를 풀며 자유를 즐겼다.

'노는 것도 놀아 본 사람이 잘 논다.'는 말이 있다.

이십 년 넘게 앞만 보고 무작정 달려온 나에게는 어울리지 않은 말이었다.

자유를 즐기지만 마음 한 편은 재취업이든, 창업이든 해야 한다는 강박증은 계속 남아 있었다. 특히 아이들이 겨우 12살 초등학생이라는 것이 가장 마음에 걸렸다. 때문에 최대한 빨리 끊어진 수입원을 계속 이어지도록 해야 한다는 생각에서 벗어날 수 없었다.

퇴직을 결심하였을 때만 해도 아는 협력회사를 통해 일자리를 구할 수 있을 거라 생각하였다. 그건 나만의 막연한 기대였을 뿐이었다.

'모기업 상황이 어려워 세 번씩 구조조정 하는 판에 협력회사들은 오죽 할까?'

그렇게 생각하니 마음이 조급해지기 시작했다. 자유를 마음껏 즐기자는 마음 역시 차츰 사라졌다. 그러면서 자꾸만 후회가 밀려왔다. 퇴직 전. 미리 새로운 삶을 준비하지 않은 것을.

어떤 책인지 기억은 나지 않지만 통계를 보면 부업을 하는 직장인들이 생각보다 많고 부업을 하는 이유는 경제적 여유, 미래에 대한 고민 때문이었다. 그러나 나는 이전에는 심각하게 받아들이지 않았다. 그리곤 이런 생각으로 위안을 삼았다.

'그런 사람들이 얼마나 되겠냐? 설령 부업을 하는 직장인이 많다고 해도 나와는 처한 상황이 다르겠지. 새벽부터 밤늦게까지 직장 울타리 안에서 바쁜 나는 방법이 없는 거잖아.'

그러면서 퇴직 후를 위한 구체적인 준비는 생각도 안했다. 안일한 생각이 결국 준비되지 않은 퇴직으로 이어진 것이다.

시간이 지나가면서 초초한 마음은 더 심해졌다.

언젠가 먼저 퇴직한 회사선배가 술자리에서 했던 말이 생각났다. 선배는 자기 사업을 하려는 꿈을 가지고 사직서를 냈었다. 한동안 연락이 없었던 선배였다.

"최 차장, 요새 많이 힘들지. 회사 상황이 안 좋다고 하던데. 위에서 많이 들볶지는 않니? 그래도 무조건 버티고 이겨내야 해. 회사 안은 전쟁터이지만 나오면 밖은 그야말로 지옥이야! 그러니까 어떻게든 회사가 나가라 할 때까지는 무조건 죽었다 생각하고 버티는 것이 가장 현명한 거야."

그때는 솔직히 선배 말에 과장과 억지가 많다는 생각을 했었다. 하지만 막상 퇴직을 하니 그 말을 충분히 공감하게 되었다.

더구나 나보다 몇 개월 먼저 퇴직한 동기가 하는 말은 더욱 절망스럽게 했다.

"난 퇴사 후 재취업 시장에 문을 두드리려고 백 군데 넘게 이력서를 보냈어. 하지만 면접 보러 오라는 곳이 단 한 군데도 없었어. 요즘은 청년들도 일자리를 구하지 못해 삼포세대라는 말이 나올 정도야. 이런 판에 나처럼 나이 많은 사람을 채용하겠다는 회사가 없는 건 어쩌면 당연한 거 아닌가 싶어"

퇴직자 교육 과정에서 만난 강사들 역시 우울한 이야기를 전해주었다. 한마디로 너무나 어려운 퇴직자들의 상황을 알 수 있었다.

"통계상 퇴직하신 분들 재취업 성공률은 겨우 10% 수준이라 합니다. 또 재취업 소요되는 기간은 평균 6개월이라 합니다. 지인을 통한 소개로 재취업을 하는 경우가 대부분이라 합니다. 재취업 성공했어도 기존 연봉의 삼분의 일 정도로 기대치를 낮추어야 합니다. 근무지 역시 도시권에서 벗어나는 경우가 일반적입니다."

퇴직 후, 한 달, 두 달, 세 달, 시간은 점차 빨리 지나가는 것 같다. 나는 가슴이 갑갑해지는 것을 느꼈다. 미래에 대한 불안이 잠도 제대로 자지 못하게 했다. 가장 가까운 가족들을 대하기도 자꾸 어색해졌다. 말도 줄어들었다.

어느 날 문득 나 자신이 '공황장애'에 빠진 건 아닌가 하는 생각이 들었다. 인터넷 검색을 해보았다. '공황장애' 검색결과가 모니터에 올라왔다. 모니터에 표시된 '공황장애'는 요즘 내가 느끼고 있는 것과 똑같았다.

언제부터인가 나는 '공황장애'를 겪고 있었던 것이었다.

05장
다시 일어서기 연습

나를 돌아보는 시간을 갖자.

세상에서 가장 중요한 일은 자기 자신이 될 줄 아는 것이다. 사람은 모두 자신을 직시해야 한다. 나는 내 안을 들여다보고, 오직 나 자신과 관계하며, 끊임없이 자신을 생각하고 다스리고 음미한다. 우리의 한 부분은 사회의 몫이지만, 가장 중요한 부분은 우리 자신의 몫이다.

_ 몽테뉴 수상록

아내가 네 명인 부유한 상인이 있었다. 첫 번째 아내는 영민하고 아름다운 여인이었다. 그녀는 언제나 상인과 함께 다녔다. 두 번째 아내는 상인이 남으로부터 빼앗은 여인으로 미모가 대단했다. 세 번째 아내는 살림꾼으로 늘 상인이 편안히 생활하도록 모든 것을 책임졌다. 네 번째 아내는 일이 바빠 동분서주하느라 집에 있을 때가 많지 않았다. 상인은 평소 자신에게 네 번째 아내가 있다는 것도 잊고 살 정도였다.

그러던 어느 날, 상인이 사업차 먼 길을 떠나게 되었다. 오랜 여정의 고단함과 쓸쓸함을 달래기 위해 네 아내 중 한 명을 데리고 가기로 했다. 그리곤 아내들에게 의견을 물었다. 첫 번째 부인이 대답했다.

"혼자 가세요. 난 안 갈래요."

두 번째 부인은 당연하다는 듯 말했다.

"난 원래 당신하고 결혼할 마음이 없었는데 억지로 한 거잖아요. 그런데 같이 갈 마음이 있겠어요."

세 번째 부인은 이렇게 말했다.

"난 편안한 집 놔두고 길 위에서 고생하고 싶지 않아요. 그냥 마을 어귀까지 배웅해 드리죠."

상인은 몹시 실망하여 마지막 네 번째 부인의 대답을 기다렸다. 그녀는 다정히 웃으며 말했다.

"난 당신 아내잖아요. 당신과 어디든 함께 가겠어요."

결국 상인은 네 번째 아내와 함께 여행길에 올랐다.

이 이야기에서 첫 번째 아내는 육체를 의미한다. 육체는 평생 나와 같이 하지만 죽을 때는 헤어져야 한다. 두 번째 아내는 재물을 의미한다. 사람은 빈손으로 태어난 것처럼 죽을 때도 빈손으로 가야 한다. 세 번째 아내는 배우자를 의미한다. 살아있을 서로 의지할 수 있지만 죽음 앞에서는 역시 헤어져야 한다. 네 번째 부인은 바로 자신의 자아이다. 평소에는 잊고 살지만 죽음이후에도 함께하는 것은 오로지 자아뿐이다.

자신의 육체, 재물, 가족을 소중히 여기는 것이 당연한 것처럼 자신에 대해 관심을 가져야 하지만 그렇게 하지 못하는 사람들이 많다. 나 역시 마찬가지였다.

회사 문을 나오던 순간부터 마음속 잠재해있던 앞날의 불확실성에 대한 걱정과 불안은 날이 갈수록 더욱 심해졌다. 심지어 스스로 '공황장애'에 빠진 것은 아닌지 의심이 들 정도였다. 가족들 역시 언제부턴가 내 눈치를 살피며 조심하는 것 같았다.

퇴직 후유증에 힘들어 하던 어느 늦은 밤이었다.

가슴 속 답답함을 풀기 위하여 밖으로 나갔다. 담배 한 대를 피우고 들어와 오랜만에 아이들 방문을 열고 들어갔다. 너무 편안히 큰대자로 자는 듬직한 아들 모습, 인형을 품에 안은 채 자는 사랑스런 딸을 보았다. 사랑하는 아들과 딸의 잠자는 모습을 보며 조용히 생각에 잠겼다.

'그래, 내가 왜 이러고 있는 거지. 지금 내가 무너지면 안 되는 거지. 삶은 끊임없이 흘러가는 강물 같은 거잖아. 이 어려운 시간도 지나면 언젠가는 좋은 추억이 될 수도 있지 않겠어. 지나간 직장생활도 그땐 치열한 시간들이었지만 돌이켜보면 가장 소중했던 시간이기도 했잖아.'

그렇게 생각하니 가슴속에서 무엇인가 꿈틀거리는 느낌이 들었다. 나는 가장 어렵고도 쉬울 수 있는 나의 마음 다스리는 것에 소홀했음을 깨달았다. 자신의 내면의 소리를 듣고, 과거 모습을 지우고, 과거 족쇄를 완전히 끊어내지 못했다는 생각을 했다.

그렇다면 과거를 비우는 방법은 무엇이 있을까?

곰곰이 생각해보았다. '나를 돌아보는 시간을 갖는 것'이 하나의 방법이라 생각했다. 지금까지 살면서 단 한 번도 나 자신을 진지하게 돌아본 기억이 없었다.

대부분의 중년 남자들처럼 앞만 바라보며 달려왔다. 부모님의 보살핌이 끝나면서 홀로서기를 시작했다. 직장을 구했고, 결혼을 하면서 가족이 생겼다. 그 가족을 부양하는 가장으로 바쁘고 힘들게 살아왔다. 혹 남들 보다 뒤처지지 않을까 노심초사하며 경쟁에 지지 않으려 정신없이 살아왔던 것이다.

'나를 돌아보는 시간'을 갖기 위해 짧지만 나 자신만을 위한 여행을 떠나기로 했다. 혼자 차를 몰고 고향인 '대구'를 찾았다. 부모님은 여전히 옛 집을 지키고 계셨다. 어린 시절 뛰어 놀던 골목길을 걸어보기도 하였다. 초등학교 등교 길도 기억을 더듬어가며 걸어 보았다. 너무 긴 세월이 많은 것들을 이전과는 다르게 바꾸어 놓았다.

하지만 이따금 보이는 옛 모습 그대로의 가게와 간판들도 있었다. 그러면 마치 옛 친구를 만난 것처럼 반가웠다. 고향에서 보낸 학창시절 추억들을 기억하며 순수했던 내 모습을 다시 찾을 수 있었다.

고향의 추억을 마음속에 담고 이번엔 제2의 고향 서울로 상경했다. 외국어대학 부근 첫 자취방, 첫 직장 옆에 있던 131번 버스종점, 자동차 영업사원 시절 보낸 태릉부근을 걸어보았다. 신혼시절을 보낸 상계동도 오랜만에 둘러보았다. 내 삶의 궤적을 밟으며 아련한 옛 추억들을 꺼내보았다. 기쁘고 행복했던 일들, 슬프고 힘들었던 일들이 서로 교차하듯 기억이 났다. 그러면서 지금 내 모습까지 어떻게 변해 왔는지 들여다 볼 수 있었다.

언젠가부터 잊고 지내던 나의 모습이 이제 다시 보이기 시작했다. 나에겐 성공하고픈 열정, 해보겠다는 도전정신이 있었다. 그리고 언제나 최선을 다하려 노력했었다. 덕분에 맨 몸으로 시작해 이 정도까지 올 수 있었던 것이다.

나는 언제부턴가 '퇴직이 곧 은퇴요. 은퇴를 하면 일이 없어진다.'라는 잘못된 통념에 무기력해져 있었다. 하지만 내 생각이 서서히 변하기 시작했다.

상황이 힘들어지면 질수록 사람의 진심이 나오게 된다. 인생은 때론 바닥에 있을 때 배울 것이 많아지는 것 같다.

시간은 나이 먹을수록 더 빠르게 지나갈 것이다. 진정으로 가질 수 있는 시간은 바로 '지금' 뿐이다. 시간은 늦었다고 생각하는 순간, 정말 늦어버린 것이 되고, 지금이라도 하겠다고 마음먹는 순간, 내 편이 될 수 있다.

가장 잘 알 것 같은 자신을 가장 잘 모른다.

그래서 '퇴직'과 같은 삶의 큰 전환점에서 '자기를 되돌아보는 시간을 갖는 것'은 분명 의미가 있다. 직장인이라면 누구나 한번은 퇴장을 준비해야 한다. 걱정, 근심만 한다고 상황이 좋아지지 않는다는 것을 알아야 한다. 마음속에 부정적 생각, 좌절, 열등감, 근심을 집어넣는 것은 아무런 도움도 안 된다. 그건 모래를 자동차 엔진에 집어넣는 꼴이다.

결국 나 자신만이 나의 생각을 조절할 수 있다. '자신을 되돌아보는 것'으로 생각의 흐름을 바꿀 수 있다면 어두움을 거둬내고 불을 밝히는 것이다.

'퇴직'했다고 혹시라도 정신에 비계 덩어리가 만들어졌다면 지금이라도 늦지 않았다. 자기 자신을 되돌아보며 더욱 자신을 사랑하도록 하자.

나만을 의지하는 사랑하는 아내와 자식들을 생각하면서.

건강부터 챙겨라.

인간은 자신에 대해 전혀 알지 못하기 때문에 많은 사람들은 건강한데도 불구하고 죽어간다고 생각하며, 또 죽어가면서도 스스로 건강하다고 생각한다.

_ 파스칼

퇴직인사차 구매 부문 고문님을 찾아갔을 때의 일이었다.

그분은 이미 60세를 넘기시고 현대그룹에서 얼마 전에 우리 회사 고문으로 오셨다. 처음 인사드릴 때는 대학 선배님인 것을 몰랐다가 우연한 기회에 알게 되었다. 이후부터 간혹 방으로 나를 불러서 궁금한 사항들을 물으셨고 차도 한잔씩 하게 되었다. 마지막 인사차 고문님 방에 들어간 나를 따뜻하게 맞아주며 걱정스럽게 이야기를 꺼냈다.

"최 차장아, 그래 밖에 나가면 뭐 할라카노? 요새 같이 불경기에 어쩔라카노. 참말로 뭐라 해 줄 말이 없네. 우쨌기나 몸 안 상하도록 건강 잘 챙겨야 한데이. 사람은 환경이 갑자기 바뀌면 제일 먼저 몸부터 망가진다 아이가. 건강 잃으면 다 끝장인기라."

여전히 구수한 경상도 사투리를 쓰시는 고문님에게서 나는 짧은 만남이었지만 대학 선배님의 남다른 정을 느낄 수 있었다. 고문님 조언을 고맙게 들었다.

50대가 되면 50%가 병자라는 말이 있다. 그만큼 나이 들면 크고 작은 병이 생기게 된다는 말이다. 평소 건강관리를 잘 해온 사람일지라도 갑자기 큰 병이 생길 수 있다. 그저 남의 이야기라고 등한시할 수 없는 일을 나는 최근에 경험했었다.

퇴직 후, 나는 집근처에 사는 가장 친한 고등학교 동기와 자주 만났다. 3년 전까지 지방 방송국 카메라 감독으로 일하던 친구였다. 그때는 살고 있는 곳도 다른데다 각자 하는 일이 바빴기에 보고 싶어도 볼 수 없었다.

친구는 방송국에서 퇴직한 후 자영업을 1년 조금 넘게 했다. 하지만 생각처럼 자영업은 잘되지 않았다. 결국 친구는 프리랜서로 활동하기 위해 서울로 올라왔다. 방송국이 밀집된 상암동이 가까운 홍대 전철역 부근에 집을 구했다. 아마 친구가 있는 집 가까운 곳으로 집을 구한 것 같았다.

친구가 가까운 곳에 살고 있으니 나도 좋았다. 간혹 퇴근길에 만나 가볍게 소주 한잔 나눌 수도 있었다. 서로 위로 해주고 격려도 해주며 뒤늦게 못 다한 진한 우정을 나눌 수 있었다.

한창 더위가 기승을 부리기 시작하던 7월 초순이었다. 나는 별다른 생각 없이 시원한 맥주나 한잔하자고 친구에게 전화를 했다. 그런데 핸드폰에 들리는 친구의 목소리가 평소와 다르게 느껴졌다. 내가 걱정스레 먼저 물어보았다.

"친구, 왜 그렇게 힘이 없냐! 무슨 일이 있는 거야?"

친구 대답을 듣다가 난 망치로 머리를 얻어맞은 듯 했다.

"어제 촬영하다 스텝들이 갑자기 나에게 빨리 거울을 보고 오라고 하는 거야. 그래서 왜들 그러지 하며 화장실로 갔어. 세면대 앞의 거울을 보다 깜짝 놀랐다. 내 눈, 내 얼굴이 노랗게 되어 있더라. 방송 초청자중 한의사 선생이 빨리 큰 병원에 가 보라고 해서 연대 세브란스병원으로 달려갔지."

친구의 그다음 말은 믿을 수가 없었다. 아니 믿기 싫었다.

"병원에서 검사결과를 알려주는데 담도암 4기란다. 태어나 처음 병원신세를 지는 건데 암 말기라니. 나도 황당하다는 생각밖에 아무 생각이 없다. 의사 말로는 수술이 필요 없다고 한다."

친구는 모든 것을 알고 이미 포기하는 듯 말했다. 나는 엄청난 충격을 받았다. 내가 아는 친구는 병이라고는 전혀 모를 정도로 아주 건강했다. 본인 말처럼 지금까지 병원하고는 거리가 먼 친구였다.

나는 그저 기적이 일어나길 기도할 수밖에 없었다. 친구가 원래대로 건강한 상태로 돌아오는 것까지는 바라지 않더라도 최대한 오래 살 수 있기를 빌 뿐이었다.

결국 친구는 병원 치료를 포기하였다. 여수 부근의 섬에 있는 요양원에서 자연 요법으로 병마와 싸움중이다.

나 역시 건강을 자신 할 수 없다. 회사가 매년 지원해주는 종합 건강 검사 때마다 '비정상', '과체중'이 단골로 나왔다. 퇴직 후, 제일 먼저 건강 검진부터 받았다. 다행히 심각한 증세는 없다는 소견을 받았다. 하지만 지속적으로 관리가 필요한 곳은 한 두 곳이 아니었다. 결코 좋은 성적표는 아닌 셈이다. 건강이 더 이상 나빠지지 않도록 언제나 조심하며 살고 있는 셈이다.

통계청이 2015년 발표한 대한민국 남성 평균수명은 82살, 여성은 87살이라고 한다. 개인차는 있겠지만 기대수명은 점차 더 늘어나는 추세다. 이미 100세 시대에 우리는 살고 있는 것이다.

하지만 수명이 늘어나는 것이 마냥 좋다고 말할 수는 없다. 먹고 사는 문제없이 몸도 건강하게 100세 인생을 보낼 수 있다면 몰라도 그렇지 않다면 사는 것이 지옥이 될 수도 있다.

외환위기 이전 회사원은 정년이 어느 정도 보장 되었다. 퇴직 후, 남은 인생을 자식들에게 부양을 받으며 살 수도 있었다. 하지만 세상은 이미 변해버렸다. 퇴직하는 나이가 점점 낮아지고 노후를 자식에게 의존할 수도 없는 상황임을 인정해야 한다.

나이 든 퇴직자의 5대 복병은 중대질병, 성인자녀, 은퇴창업, 금융사기, 황혼이혼이라 한다. 그 중 가장 큰 복병은 중대 질병에 걸리는 것이다. 건강을 잃는 것은 인생 2막 설계 자체를 할 수 없을 정도로 치명적인 일이다.

'건강은 건강할 때 지켜야 한다.'라는 말처럼 중요한 것은 없다.

이 말을 모르는 사람이 있을까? 모두 당연히 알고 있다. 그럼에도 불구하고 건강관리에 소홀한 사람들은 생각보다 많다. 건강할 때는 전혀 모르지만 막상 건강을 잃어버리면 얼마나 건강이 소중한 것인 줄 실감한다. 정말 세상에서 가장 큰 선물은 '건강'이다.

'퇴직'은 어렵고 힘든 상황이다.

여러 면에서 건강을 잃어버릴 수 있는 요인들이 생긴다. 갑자기 생활 패턴이 바뀌고 정신적인 스트레스가 심해지면 자신도 모르게 건강을 잃어버릴 수 있다.

다른 무엇보다 '건강'을 최우선 순위에 놓고 생활해야 한다. 건강을 위한 노력도 필수적이다. 규칙적인 식사, 충분한 수면, 규칙적인 운동, 긍정적인 생각 갖기를 본인 건강을 위해 실천하여야 한다.

사랑하는 가족들이 언제나 옆에서 응원과 사랑을 보내고 있음을 잊지 않는다면 충분히 가능할 것이다.

나만의 버킷리스트를 만들어 보자.

모든 것은 생각에 달려 있으며 생각은 당신의 지배를 받는다.
그렇다면 스스로 선택해서 쓸데없는 생각을 버려라.

_ 마르쿠스 아우렐리우스

이 책을 읽고 있는 독자들에게 질문 하나를 해본다.

"여러분의 버킷리스트는 무엇인가요?"

아마 이 질문에 대답을 할 수 있는 독자들은 많지 않을 것이다. 만일 이 질문에 답할 수 있다면 자기를 위한 시간을 가져본 분 일 것이다.

대부분의 회사원은 이 질문에 대해 답하지 못할 것이다. 높은 직급 이라면 더욱 답을 못할 가능성이 많다.

거기엔 분명한 이유가 있다. 우선 대한민국 회사원은 너무 바쁘다. 많은 회사원은 '월,화,수,목,금,금,금'으로 살고 있다. 그만큼 자신들 의 시간과 에너지를 회사에 집중한다. 심지어 휴일도 가족과 오붓한 시간을 만들지 못한다. 핸드폰으로 업무를 하는 사람들이 있을 정도 이다.

또 대한민국 회사원은 치열한 경쟁을 해야 한다. 여기저기서 피가 튀는 소리가 들린다. 몸담은 조직에서 살아남기란 갈수록 어려워진 다. 탄탄한 어학실력과 IT 능력을 갖춘 후배들, 한정된 자리를 두고 다툴 수밖에 없는 동기들과 마치 정글의 생존법칙과 같은 치열한 경 쟁을 해야 한다. 가족의 생계를 책임진 가장들이기에 어떻게든 살아 남아야 하는 것이다.

과연 이런 현실 상황에서 자신의 버킷리스트를 만든다는 것이 가능한 일이겠는가?

물론 자신의 버킷리스트를 만들어 하나씩 이루는 사람도 있을 것이다. 하지만 그런 회사원이 얼마나 되겠는가? 이 시대를 살아가고 있는 회사원들, 특히 40대 이후 회사원들은 자신을 돌아보고 자신이 하고 싶은 것이 무엇인지 구체적으로 생각할 정신적 여유가 없다.

'늦었다고 생각할 때가 가장 빠른 것이다.'

회사생활을 하면서 하지 못했던 '나만의 버킷리스트'를 지금이라도 만들어 보자.

나 역시 얼마 전까지 '버킷 리스트'라는 단어조차 알지 못했다.

간혹 책이나 신문을 읽을 때 지나치던 단어중의 하나일 뿐이었다. 하루하루 다람쥐 쳇바퀴 돌아가듯 살았으니 어쩌면 당연한 일인지도 모르겠다.

퇴직 후, 나는 내가 하고 싶은 일이 어떤 것이 있는지 생각해보았다. 막상 내가 하고 싶은 일이 무엇인지 생각해 하나씩 적자니 쉽지 않았다. 지금껏 이런 생각은 해보지 않았던 것이다. 그래도 생각 날 때마다 하나씩 적어보기로 했다.

어느 사이 내 노트에 나의 '버킷 리스트' 목록이 쌓였다.

'나만의 버킷리스트'이니 누가 뭐라 해도 상관없다. 내 마음속에 생긴 꿈을 적었을 뿐이다.

'중국 및 미국 전 지역 여행하기, 나의 이야기로 타인을 변화시키는 명강사가 되기, 캠핑카로 가족과 여행하기, 다양한 분야의 책 5,000

권 읽기, 프로 장사꾼 되기, 중국과 비즈니스 하기, 베스트셀러 저자 되기, 중국인 친구포함 글로벌 인맥 100명 갖기, 성경 완독하기, 자선사업 해보기 등등.'

내가 하고 싶은 일들을 하나씩 해나간다는 상상만으로도 행복해지는 것 같다.

혹자는 퇴직자가 '나만의 버킷리스트'를 적고 꿈꾸기에는 현실적인 문제가 너무 많지 않으냐고 반박할 수도 있다. 충분히 공감할 수 있다. 하지만 한편으로 생각해보자. 이젠 100세 시대가 되었다. 아직 살아가야 할 날이 너무 많이 남아 있다. 지금까지 자신보다 가족을 위해 앞만 보고 달려왔다면 이제는 좀 다르게 살아야 하지 않을까?

물론 가족을 위한 경제적 활동을 그만두라는 말은 아니다. 다만 우선순위를 바꾸어 보라는 것이다. '나만의 버킷리스트'를 적다보면 자신의 정체성을 생각하게 된다. 정말 자신이 좋아하는 일을 발견하게 된다. 그것을 이루기 위해 최선을 다하면 결국 자신의 삶에 대한 만족도가 높아질 것이다. 그러면 가족이 더욱 행복해지지 않을까?

싫든 좋든 언젠가는 자신이 일하던 직장을 떠나야 한다. 회사원이라면 누구든 시점만 틀릴 뿐이지 '퇴직'을 경험하게 될 것이다. 하지만 '퇴직'이 이전처럼 '은퇴'는 아니다.

그러기엔 아직 젊다. '나만의 버킷리스트'는 제2의 인생 설계 네비게이션이 될 수 있다. 누구의 통제도 받지 않고 본인이 직접 멋진 네비게이션을 만들어 보자.

그런 네비게이션을 달고서 멋지게 제 2의 인생을 달려 가보자.

'퇴직'을 통해 새로운 삶을 살 수 있는 '기회'가 왔다고 생각해보자.

새로운 모임에 찾아가보자.

다른 사람의 관심을 끌려고 애쓰는 2년보다 다른 사람에게 관심을 가지는 2개월 동안 더 많은 친구를 사귈 수 있다.

_ 데일 카네기

에이브러햄 매슬로우(Abraham Maslow)는 미국의 심리학자이자 철학자이다.

그는 1943년 인간욕구에 관한 학설을 제안했다. '매슬로우의 인간 욕구 5단계 이론(Maslow's hierarchy of needs)'이 그것이다.

매슬로우 박사는 인간은 태어나면서부터 누구나 다섯 가지의 욕구를 가지고 태어난다고 주장하였다. 다섯 가지 욕구는 우선순위가 있어 단계가 구분된다고 하였다. 생리적 욕구(1단계), 안전 욕구(2단계), 소속과 애정에 대한 욕구(3단계), 존경 욕구(4단계), 자아실현에 대한 욕구(5단계)가 바로 그것이다.

그 중 세 번째 욕구인 소속과 애정에 대한 욕구는 누군가를 사랑하고 싶은 욕구, 어느 한곳에 소속되고 싶은 욕구, 친구들과 교제하고 싶은 욕구, 가족을 이루고 싶은 욕구 등을 포함한다.

회사원은 자신이 소속된 회사라는 틀에서 매슬로우 박사가 주장한 세 번째 단계의 인간의 기본 욕구를 충족한다. 회사라는 조직을 통해 소속감을 느낀다. 다양한 사람들과 만나 협력하는 과정에서 성과도 창출된다. 그러면서 자연스럽게 다양한 모임 활동을 하기도 한다.

대표적인 모임 활동으로 '회의'가 있다. 그 외에도 각종 동호회, 봉사 모임, 향우회 모임, 학습 모임을 통해 다양한 사람과 교류를 한다.

조직 안에 속해 있다는 것이 얼마나 행복한지 '퇴직'이후 확연히 알게 된다. 퇴직자는 기존 소속감을 상실하게 된다. 그러면 당황해하거나 불안해진다. 회사에 올인한 사람인 경우, 더욱 심한 상실감을 느끼게 된다.

나 역시 퇴직 후, 그런 상황을 겪었다. '퇴직'의 후유증 가운데 하나였다. 갑자기 자신을 둘러싸고 있었던 사람들 모두 사라진 듯 했다. 그래서 심한 심리적 불안감을 느꼈다.

그러나 소속감 상실과 사람에 대한 갈증으로 계속 힘들어 할 수는 없었다. 이젠 회사가 아닌 새로운 인맥이 필요했다. 내 주위에 다시 새로운 사람들을 만들기 위한 노력을 시작하기로 했다. 새로운 인맥을 만들 수 있는 모임을 찾는 것부터 시작한 것이다. 새로운 인맥을 구축할 수 있는 모임을 찾아보니 생각보다 많다는 것을 알았다.

나에게 도움이 되는 인맥을 형성하기 위해 다양한 외부 모임에 참여했다. 자기 계발 모임, 교육 모임, 독서 모임에 가입하면서 새로운 사람들을 만나게 되었다.

내가 좋아하고 앞으로 하고 싶은 일에 도움이 되는 모임에 참여하는 즐거움은 기대이상이었다. 그 중 하나인 '마포나비'라는 독서 모임을 소개할까 한다.

'마포나비'는 대한민국 최대 독서모임인 '양재나비'에서 갈라져 나왔다. '마포나비'의 '나비'는 '나로부터 비롯되는 선한 영향력'이라는 의미이다. 격주 토요일 아침 7시부터 9시까지 읽은 선정 도서를 가지고 회원들이 토론하며 책의 저자를 초청해 강연도 듣는다. 쉽게 만날 수 없는 저자를 만날 수 있어 참여하는 즐거움과 만족도가 매우 높다.

나 역시 독서모임을 통해 다양한 직종과 연령대의 새로운 사람들을 만날 수 있었다. 그들로부터 선한 영향력을 받을 뿐 아니라 새로운 지식도 얻을 수 있었다.

퇴직자가 느끼는 소속감과 사람에 대한 갈증은 새로운 모임에 참여해 보는 것으로 해결할 수 있다. 자신에게 도움이 되는 모임을 찾아 참여해 보는 것이다.

더불어 퇴직자들은 아내를 위한 각별한 배려와 사랑을 줄 수 있어야 한다. 최근에 난 신문 기사 하나를 소개해본다.

'홀로 남은 50대'가 기사제목이었다.

통계청이 분석한 연령별 1인 가구 현황에 대한 내용이다.

50대 1인 가구는 2010년 60만 1,000가구에서 2015년 87만 8,000가구로 증가했다.

이는 전 연령층을 통틀어 가장 큰 증가 폭(46.1%)이다. 게다가 50대 1인 가구 증가 이유는 2030세대와 다르다. 2030세대는 학업, 직장문제로 혼자 사는 사례가 많았다. 반면 50대는 가정불화나 경제적 문제로 인한 이혼이 가장 큰 원인이다.

(동아일보 9월20일자)

특히 50대의 가정불화나 경제적 문제로 인한 증가가 1인 가구의 증가 원인이라는 것이 슬프게 했다. 가정불화나 경제적 문제의 원인이 혹 가장의 '퇴직' 때문인지 모를 일이다. 평소 대화를 많이 나눈 부부는 퇴직 후 인생의 반은 준비를 한 셈이다. 그러나 아마 50대 퇴직자들 대부분은 그렇게 살지 못했을 것이다. 남편은 직장, 아내는 가정이라는 서로 다른 환경에서 생활하다 '퇴직'으로 인해 다시 마주하게 된다. 서로 어색하고 힘들어진다.

이런 문제를 해결하지 못한 결과가 이혼으로 이어진다. 결국 가정이 깨지는 불행한 상황이 되는 것이다. 부부가 어려울 때 서로 도우며 이해하고 신뢰하는 것이 절실하다. 평균 수명이 길어진 요즘은 자녀들과 함께 하는 시간보다 부부가 함께 하는 시간이 훨씬 길어졌다. 내 인생 2막의 든든한 울타리는 가족이고 그 중에서도 아내는 바로 나의 마지막 사람임을 잊지 말아야 한다.

'퇴직'은 은퇴와는 다르다.

새롭게 시작할 수 있는 기회를 갖는 것이다.

새로운 모임을 통해 다양한 사람들과 만나 인생 2막을 열 새로운 기회를 찾자.

그 전에 먼저 내 가족, 내 아내를 대하는 마음가짐부터 새롭게 하는 것부터 하자.

관심분야 책을 30권 이상 읽어보자

방 안에 책이 없으면 몸에 정신이 없는 것과 같다.

_ 시세로

우리나라 국민들의 독서량은 얼마나 될까?

보고서에 따르면 우리나라 오천만 인구 중 매일 책을 읽는 사람은 8.4%라고 조사되었다. OECD국가 평균은 20.2% 이라고 한다.

영국은 32.6%, 아일랜드 31.6%, 덴마크 28.9%, 미국이 26.9%로 조사되었다. 게다가 1년 동안 단 한 권의 책도 읽지 않는다는 사람의 비율이 25.6%라고 하니 국민 4사람 중 1명은 전혀 책을 읽지 않는다는 조사결과를 보면 정말 심각하고 안타까운 일이 아닐 수 없다. (2015년 문체부에서 조사한 해외주요국 독서 실태 및 독서문화 진흥정책 사례 연구)

"일일불독서 구중생형극"(一日不讀書 口中生荊棘) 은 안중근 의사가 뤼순 감옥에서 쓴 글이다. '하루라도 책을 읽지 않으면 입안에 가시가 돋는다.'라는 뜻이다. 우리 국민의 독서 실태를 안중근 의사가 안다면 얼마나 슬퍼하실까?

그렇다면 우리 국민의 독서율이 저조한 이유는 무엇일까?

여러 가지 이유가 있을 수 있을 것이다. 어린 시절 책 읽는 습관은 나이가 들수록 성적을 높이기 위한 책 읽기로 바뀐다. 학창시절이 지나면 취업 준비가 가장 중요해진다. 다행히 취업에 성공하면 다시 먹고 사는 문제로 경제적, 정신적 여유를 갖기 어렵다. 그러면 독서가 사치스러운 일로 여겨진다. 결국 책과 점점 멀어질 수밖에 없는 생활이 되는 것이다. 더구나 스마트폰 사용으로 모든 것을 할 수 있게 되었다.

책을 읽지 않은 민족은 미래는 희망적일 수 없다. 그러므로 아무리 책을 가까이 할 수 없는 이유가 있을지라도 책을 읽어야 한다.

퇴직자들이 자주 가는 곳이 있다. 아침 일찍 산으로 가는 사람이 있는가 하면 도서관에 가는 사람이 있다. 퇴직자들이 가는 곳이 제한되어 있는 것 같다. 지금껏 회사와 집만 왔다 갔다 한 사람들이다 보니 갈 수 있는 곳이 별로 없다.

나 역시 퇴직 후, 집 부근 서대문 도서관을 자주 찾았다. 도서관 사서들보다 먼저 열람실로 출근하였다. 나의 책 사랑은 오래되었다. 책이야말로 세상에서 가장 훌륭한 스승이라 항상 생각하였다.

독서 시간을 가지고자 다른 직원들보다 더 이른 시간에 출근하였다. 하루 일과 시작 전 30분은 책 읽는 시간이었다. 책을 읽으면 메마른 마음과 부족한 지혜가 채워지는 듯 했다. 주위 동료들로부터 책 좋아하는 사람으로 자연스레 인식되었다.

구매부문 신입사원 교육 프로그램을 기획하던 업무를 담당할 때였다. 담당 임원에게 직원들을 위해 '작은 도서관' 설립을 제안했었다.

"상무님, 회사 상황이 좋지 않아 말씀드리기 쉽지 않습니다만 직원들을 위한 '작은 도서관'을 만들면 어떨까 합니다. 직원들의 업무 스트레스를 푸는 방법으로 독서를 할 수 있는 환경을 만들면 좋겠습니다. 각자 다 본 책들을 기증받으면 비용을 쓰지 않고 만들 수 있을 것 같습니다. 추후 직원들 호응이 좋으면 도서 구입비 예산을 정식 신청하는 것으로 하구요."

다행히 담당 임원도 '작은 도서관' 설립에 동의하였다. 규모는 작았지만 도서관이 만들어졌고 직원들도 호응도 아주 좋았다. 책 보는 사람과 시간이 점점 늘어났다. '작은 도서관' 지킴이로 일한 기억은 이젠 좋은 추억이 되었다.

퇴직 후, 나는 제 2 의 인생 설계에 대한 답을 책에서 찾고자 했다.

줄탁동시(啐啄同時)는 알 속에 있는 병아리가 알을 깨기 위해 부리로 껍질을 쫄 때, 어미닭은 병아리가 빨리 알을 깰 수 있도록 밖에서 껍질을 쪼는 것을 말한다. 병아리가 '나' 라면 책은 어미 닭과 같은 역할을 하였다. 직장에서 벗어나 새로운 삶을 살아갈 수 있는 동력을 얻는데 책의 도움이 무척 컸다.

창업, 재테크, 자기 계발, 경영, 인문, 심리 등 다양한 분야의 책을 읽었다. 책 읽기는 직장생활로 굳어 있던 사고를 유연하게 해주었다. 또한 생각의 폭을 넓혀주고 깊게 해주었다.

특히 '창업' 관련 책을 많이 읽었다. 내 관심을 끈 분야는 '1인 기업'이었다. 창업을 고려해야 할 경우 '1인 기업'이 나와 맞을 것 같다고 생각했다. 창업자금과 리스크를 최소화해야한다는 나의 고육지책이었다.

'1인 기업' 관련 책을 찾아 하나씩 읽었다. 혹 나와 같은 관심을 가진 분들을 위해 내가 읽은 책을 소개한다.

1인 기업이 갑이다(윤석일, 북포스), 1인 혁명가가 되라(조관일, 위즈덤하우스), 1인 창업이 답이다(이선영, 갈라북스), 메신저가 되라(브랜든 버처드, 리더스북), 나는 세상으로 출근한다(박용후, 라이팅하우스), 지식창업자(박준기외, 쌤앤파커스), 1인기업 실무지침서(은

종성, 정일출판), 1인 기업가로 홀로서기(공병호, 21세기북스), 100 달러로 세상에 뛰어 들어라(크리스갈아보, 더 퀘스트) 등을 읽으며 다양한 정보와 지식을 얻었다.

책을 읽는 것은 자신의 부족함을 채우기 위한 수단이라 할 수 있다. 조직 안에서는 알 수 없던 자신의 부족한 점이 퇴직하면 드러난다. 회사라는 조직이 나의 부족한 면까지도 보호해준 것이다.

하지만 결국 언젠가는 자신의 부족함이 드러나게 될 것이다. 완벽한 사람은 없다.

아직 회사 간부로 있다고 넋 놓고 있는가? 자신의 직급이 자신의 부족함을 가려주고 있다는 사실을 잊지 말자. 시기만 다를 뿐, '퇴직'은 누구에게나 평등하다. 미리 자신의 부족함을 독서로 채우자.

'퇴직' 이후, 삶을 걱정하고 불안해하는가? 자신의 관심 분야 책부터 읽어 보자.

많이 읽으면 읽을수록 좋다. 적어도 30권은 읽어 보자. 막연한 미래에 대한 탈출구가 보이는 경험을 할 수 있을 것이다.

전문가의 세미너를 들어보자

꿈은 머리로 생각하는 것이 아니다. 가슴으로 느끼고 발로 뛰는 것이다.

_ 존 고다드, 탐험가

돌이켜보면 나에게 25년간의 직장 생활은 인생에서 치열했지만 소중한 시간이었다. 작은 무역회사에서 대우그룹, 그리고 두산그룹으로 이어진 나의 직장생활은 성장의 시간이기도 하다. 회사원, 사회인, 가장으로 제대로 역할을 충실하고자 애쓴 노력의 시간이기도 하다.

신입사원 시절 한동안 지방대학 졸업을 핸디캡으로 생각한 적이 있었다.

'입사 후, 처음 3년은 무조건 동기들보다 앞서야 한다. 처음부터 격차가 나면 따라잡기 더 어려울 거야'

이런 생각이 항상 마음에 있었다.

수많은 시행착오를 거치면서 회사에서 어느 정도 자리 잡기까지 독하게 생활했다.

그 결과, 자동차 영업 OJT 시절 3년간 98대 판매할 수 있었다. 본부 우수 판매사원이 되었다. 대우중공업 사원 때는 업무 프로세스 개선 및 시스템 개발로 우수 사원상도 수여받았다. 지금 생각해도 최선을 다했고 열정이 넘치던 시절이었다.

그러나 회사에서 지속적 성장을 하려면 개인적인 노력만으로는 부족하다. 더불어 회사가 제공하는 다양한 직무교육과 전문가 교육과정을 수강하는 것이 큰 도움이 된다. 배움의 열의와 꾸준한 학습을 통해 조금씩 성장했다. 이것이 치열한 경쟁에서 살아남게 해주었고 25년간의 회사원의 삶을 잘 마무리 할 수 있었던 원동력이었다..

막상 퇴직하고 나니 지금껏 가졌던 지식들은 무용지물처럼 느껴졌다. 회사에서 학습한 것은 회사에서 필요했다. 세상에 나오니 아는 것이 없다는 것을 깨닫는데 많은 시간이 걸리지 않았다. 다시 유치원생이 되어야 했다. 자동문도 안 열릴 정도로 존재감을 상실한 것 같았다.

비관적인 생각은 하면 할수록 올가미처럼 더 옥죄이는 것 같다. 생각을 바꾸어야 했다. 회사의 울타리에서 갓 세상으로 나온 유치원 아이의 마음이 되기로 했다. 탈무드에 나온 말처럼 실천하기로 하였다.

'모르는 것을 묻지 않는 것은 쓸데없는 오만이다.'

쓸데없이 오만을 부리지 말고 모르는 것은 묻자. 우선무엇을 하고 싶은지 내 스스로에게 물었다. 그리고 '나만의 버킷리스트'를 만들었다. 먼저 해야 할 것을 추렸다.

'내가 쓴 책으로 작가되기, 글로벌 비즈니스맨 되기, 프로 장사꾼 되기'를 도출했다.

인터넷으로 관련 전문가와 교육과정을 검색했다. 하지만 검색 결과 전문가도 많고 특강이나 교육 과정도 다양했다. 모르는 분야이다 보니 누가 진짜 전문가인지 알 수 없었다. 또 난감해졌다. 한편으론 알아봐야겠다는 오기가 생겨났다.

메일과 전화로 궁금증을 해결하지 못하면 정확한 정보를 얻고자 직접 방문했다. 내가 하고 싶은 일의 정보를 알아보는 과정이니 전혀 힘들지 않았다. 오히려 알아가는 즐거움마저 느껴졌다. 나는 당연하고 중요한 사실을 알게 되었다.

'직접 부딪쳐봐야 무엇이 중요한지 맥을 잡을 수 있구나, 그리고 내가 원하는 일은 즐겁게 할 수 있구나.'

결국 대단한 일이란 대부분 아주 작은 일에서 시작된다.

나에 대한 성찰을 통해 내가 하고 싶은 일이 무엇인지 찾는 것이 출발점이었다.

'내가 쓴 책으로 작가되기'라는 꿈도 나를 되돌아보는 시간을 통해 나왔다.

꿈이 생기고 실천한 첫 행동은 그 분야 전문가의 특강을 듣는 것이었다. 내 꿈을 이룰 수 있게 도와줄 선생님을 찾고자 노력했다. 혹 미래를 위한 비용이 필요하기도 했다. 꿈을 이루기 위해 내게 투자한다고 생각했다.

'한국퀀텀리딩센터 김병완 작가', '성공책쓰기 플러스 조영석 소장', '한국 책쓰기 성공학 코칭 협회 김태광 총수'는 내가 직접 찾아가 들었던 책쓰기 특강에서 만난 사람들이다.

'중국전략 경영아카데미 김형환 교수', '한국 소호 진흥협회 이기현 이사', 'F1 비즈니스 아카데미 김철윤 대표'는 글로벌 비즈니스맨과 프로 장사꾼이 되기 위해 만난 사람들이다. 필요한 분야 전문가를 찾아 그들의 특강을 들으며 새 인생의 자양분을 얻고자 했다.

퇴직자는 갑자기 무기력해진 자신을 발견하게 된다. 점점 자신의 존재감이 상실되는 것도 느끼게 된다. 가족을 부양하면서 가졌던 자부심과 자존심을 잃는 아픔은 깊다.

그러나 걱정만 한다고 해서 상황이 바뀌지는 않는다. 오히려 걱정할 시간에 몸을 움직이자. 내 부족함을 채울 수 있는 행동을 실행해보자.

그러려면 지금껏 살아온 회사원이던 과거에서 벗어나야 한다. 이젠 회사가 원하는 삶이 아닌 나를 위한 삶을 살아야 한다. 내가 진정 꿈꾸는 삶에 필요한 것이 무엇인지 찾아보자. 부족한 것은 배우고 내 꿈을 이루는 것을 도와줄 전문가를 찾아보자.

결국 미래의 나를 만드는 것은 바로 '나' 자신이다.

06장
재취업, 힘들지만 가능하다

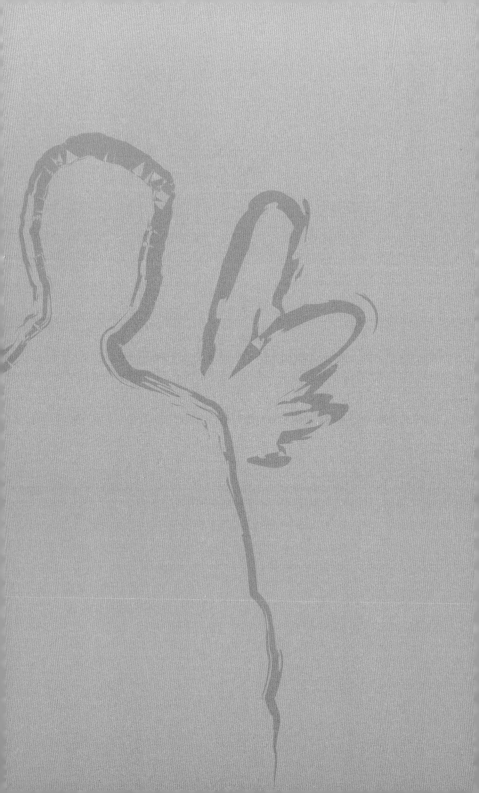

희망의 이력서를 준비하자.

이 세상에 성공의 비결이란 것이 있다면 그것은 타인의 관점을 잘 포착해 그들의
입장에서 사물을 볼 수 있는 재능, 바로 그것이다.

_ 헨리 포드

퇴직 후, 나는 한편으론 그동안 누리지 못한 여유롭고 자유로운 시
간을 즐겼다. 또 한편으론 퇴직자가 겪어야 하는 심리적 불안도 느꼈
다. 그러면서 속절없이 시간은 빨리 지나가고 있었다.

회사는 퇴직자 전직 지원을 위해 '인지어스 커리어센터'라는 곳과
계약을 했다. 그곳은 회사 대신 전직 지원 프로그램 운영과 재취업을
돕는 역할을 했다. 퇴직자 개인별 전담 상담사가 배정되었다.

1월 중순, 처음 전직 지원 교육을 받기 위해 센터를 찾았다. 교육장
에 들어서니 반가운 얼굴들이 많았다. 모두 나처럼 12월 말일자로 회
사를 떠난 동료들이었다. 퇴직한지 몰랐던 선후배들을 이곳에서 보
게 된 셈이다. 여전히 회사원들처럼 이전 직급을 부르며 반가워했다.
아직 퇴직한 사실이 실감나지 않을 때였다.

교육장으로 전담 상담사들이 들어왔다. 나 역시 전담 상담사와 처음 인사를 나누었다. 작은 키에 나 보다 조금 더 나이가 많아 보이시는 분이었다. 그 분이 악수를 청하시며 인사를 해왔다.

"최 선생님이시죠. 안녕하세요? 저는 인지어스 상담사 윤 ○○ 입니다. 앞으로 최 선생님 재취업을 도와드릴 전담 상담사입니다. 최선을 다해 도움을 드리겠습니다. 잘 부탁드립니다."

나도 그 분이 내민 손을 잡으며 대답했다.

"처음 뵙겠습니다. 저도 반갑습니다. 앞으로 많이 도와주세요."

나의 재취업을 도와줄 사람이라 하니 그저 반갑고 고마웠다. 첫 인사를 나눈 뒤, 차 한잔 나누며 이야기를 했다. 상담사가 나를 보면서 웃으며 말했다.

"최 선생님, 우선 본인의 이력서와 소개서를 작성해주셔야 합니다. 아직 향후 진로를 정하시지 않으셨죠. 하지만 이력서와 소개서는 미리 준비하시는 것이 좋습니다. 선생님이 지금껏 살아온 시간을 정리한다는 기분으로 작성해보세요. 작성하시고 제게 보내주세요. 제가 검토해서 피드백 드리겠습니다. 필요하면 보완 요청 드리죠."

내가 고마워해야 되는 상황 같은데 오히려 전담 상담사가 정중히 부탁하였다.

상담사 말처럼 나는 재취업을 할지, 창업을 할지 결정을 내리지 못한 상태였다. 하지만 어떤 결정을 하더라도 이력서와 소개서는 미리 준비하는 것이 좋을 듯 했다.

이력서와 자기소개서!

참 오랜만에 들어본다. 첫 구직을 위해 90년 초반에 쓴 이후, 완전히 잊었던 단어다. 새삼 이력서와 자기소개서 양식에 작성 하려고 하니 막막해졌다. 무엇부터, 무엇을, 어떻게 적어야 할지 감이 떠오르지 않았다. 내가 살아온 시간을 정리해보며 적어 보라는 상담사의 조언은 별로 도움이 되지 않은 것 같았다. 마치 논술시험을 치르는 수험생처럼 심란해졌다.

책상 앞에 앉아 지나간 나의 회사생활을 곰곰이 돌아보았다.

지원분야, 경력요약, 보유역량, 학력사항, 주요자격 취득사항, 그리고 주요한 경력사항을 양식에 맞춰 채워 나갔다. 역시 생각만큼 빈칸 채우는 것이 쉽지 않았다.

쓸 것이 많은 것 같은데 막상 쓰자니 쓸 것이 없었다. 또 어떤 부분은 많은 것을 쓰고 싶은 욕심이 생겼다. 쓰고 지우고를 반복하였지만 여전히 마음에 들지 않았다. 이 나이에 이력서, 자기소개서를 다시 쓸 수 있다는 생각은 해 본 적이 없었다. 어쩌면 마음먹은 대로 쓸 수 없는 것은 당연한 일이었다.

그러던 중 불현 듯 이런 생각이 떠올랐다.

'지금 내 생각이 잘못된 거 아닐까? 내가 회사 사장이라면 어떤 사람을 선택할까? 사장 입장에서 원하는 내용을 쓰는 것이 어떨까? 이제껏 내가 쓰고 싶은 것만 생각해 어려웠던 것 같아.'

그리곤 어떤 책을 읽으며 보았던 CEO의 의미를 기억해냈다.

C는 씨앗을 알아보는 사람 즉 인재 욕심꾼, E는 이익은 기본인 사람 즉 철저한 실속파, O는 오년을 먼저 내다보는 사람 즉 비전 메이커라는 의미가 숨은 것이라 했다. 아주 적합한 해석이었다.

'그럼, 이력서, 소개서를 CEO의 관점으로 써보자. 내가 인재가 될 수 있다는 것, 나를 채용하면 회사에 이익을 제공할 수 있다는 것. 미래 비전에 적합한 인물이라는 것을 부각시키는 내용으로 적어보자.'

내 나름대로 이력서와 자기소개서 쓰는 기준을 만들었다. 더불어 진정성과 정확성을 고려해 내용을 다듬었다. 또 희망적인 내용이 담길 수 있도록 신경을 썼다.

드디어 나의 이력서와 소개서를 완성했다. 수십 번 고치고 다시 쓰고를 반복했더니 정말 내가 살아온 시간이 정리되는 것 같았다. 비록 완벽하다고 할 수는 없지만 최선을 다해 정성을 들였다. 결국 나의 이력서와 소개서는 보는 사람이 최종 평가를 내릴 것이다.

이전에는 '대학 졸업장' 하나로 평생 사는데 문제가 없었다. '대학 졸업장'은 20 ~ 30년 생계를 해결해주는 황금 열쇠였다. 나도 예외가 아니라는 것을 안다. 그런 면에서 나 역시 복 받은 시기에 직장 생활을 한 셈이다.

최근 청년실업은 국가적인 이슈다.

2016년 2월 기준 15 ~ 29세 청년실업자 수가 56만 명이라고 한다.(통계청 자료)

20대 태반이 실업자라는 의미의 '이태백'이나 연애, 결혼, 출산을 포기한 세대의 '삼포세대'라는 말이 이 시대 우리 청년들 고충을 대변하고 있다.

청년실업 못지않게 사회적 이슈가 있다. 다름 아닌 700만 베이비부머 세대의 퇴직문제다. 100세 시대 도래로 베이비부머 퇴직자들도 재취업이나 창업을 해야 하는 현실이다. 60세 까지 직장을 다닐 수 있다 하더라도 40년을 더 살아야 한다. 더구나 '사오정(45세면 정년)'이 된 조기 퇴직자는 자칫 50년 이상을 더 살아야 한다.

낙타가 바늘귀로 들어 갈 정도로 취업시장을 뚫기가 어렵다. 오늘도 수많은 구직자들은 차별화된 자기를 알리기 위한 이력서와 자기소개서를 쓰고 있다. 심지어 이력서와 자기소개서 쓰는 방법을 가르쳐준다는 학원이 생길 정도다.

나이 먹고 다시 쓰는 이력서, 당연할지 모르지만 짧은 내 생각은 이렇다.

최고의 이력서와 자기소개서는 정답이 없지 않을까? 진솔한 내용, 희망적인 내용으로 정성껏 작성하면 통하지 않을까? 지원하는 회사 대표이사라면 어떤 사람을 선택할지도 고려한다면 더 좋지 않을까?

가장 가까운 곳부터 두드려보자

선비는 나를 알아주는 사람을 위해 죽는다.

_ 사마천, 사기 중에서

드디어 재취업을 위한 첫 작업을 끝냈다.

지난 회사의 경력과 앞으로의 포부를 담은 이력서와 자기소개서를 완성했다. 전담 상담사와 여러 번 수정하여 마무리하였다. 완성된 이력서와 자기소개서를 소리 내어 읽어 보았다. 왠지 재취업 될 것 같은 희망도 생겼다. 취업사이트를 통해 내게 적합한 회사에 입사지원을 했다.

입사지원 후, 연락이 오기를 기다렸다. 지원한 회사의 전화를 받지 못할까봐 계속 휴대폰만 주시했다. 그러나 아무리 기다려도 지원했던 회사의 연락은 없었다. 한편으론 불안했지만 그럴 수 있다고 생각했다.

'입사 지원한 첫 회사부터 회신 온다고 기대하는 건 욕심이지. 그럴 거야. 계속 두드리다보면 분명히 좋은 소식이 올 거야.'

이렇게 혼자 위로와 격려를 하며 마음을 다스렸다.

하지만 입사지원 횟수와 상관없이 연락을 주는 회사는 한 곳도 없었다. 나는 점점 실의에 빠졌다. 혹시 작성한 이력서와 자기소개서에 대한 문제인지 싶어 새로 고쳐보기도 했다. 그리곤 몇 군데 회사에 다시 입사지원을 했다. 변한 건 없었다. 여전히 연락을 해오는 회사는 아무 곳도 없었다.

한국 보건 연구원에서 '베이비부머의 생활실태와 복지욕구'에 대해 보고한 자료에 따르면 50대 이상 퇴직자 중 재취업 혹은 창업한 비율은 고작 16%에 불과하다고 했다. 특히 재취업인 경우, 전 직장과 같은 동종 업무로 재취업 성공할 확률은 거의 희박하다는 분석을 내놓았다. 사무직은 거의 제로 수준이라고 했다. 보고서의 비관적인 내용을 나는 직접 체험했다.

전담상담사인 윤 ○○씨가 위로의 전화를 해주었다.

"최 선생님, 너무 실망하지 마세요. 이제 시작인걸요. 제가 이 일 하면서 많은 분의 재취업을 도와드려 잘 알고 있어요. 재취업에 성공하는데 평균 6개월은 걸립니다. 아직은 걱정보다 희망을 가지시는 것이 좋아요. 좋은 결과가 있을 겁니다."

윤 선생의 위로의 말을 듣고 너무 급하게 생각하지 않기로 했다. 조금 더 여유를 갖고 재취업 문을 두드리기로 했다.

나는 이전 내가 한 생각에 쓴웃음이 났다.

'설마 산 입에 거미줄 치겠어'

'욕심 부리지 않으면 어디라도 들어갈 수 있겠지'

참 순진한 생각이었다. 그리고 안일한 생각이기도 했다. 하지만 현실은 너무 달랐다. 정말 말로만 들었던 퇴직자가 겪는 재취업의 어려움을 뼈저리게 체험하고 있었다.

계속된 입사지원, 지원한 회사의 무반응은 연속되었다. 나도 점점 실망과 낙담의 강도가 커져 갔다. 그러던 어느 날 먼저 퇴직한 동료를 만나 소주를 마시게 되었다.

생각을 바꿀 수 있는 이야기를 들을 수 있었다.

"최 차장, 혹 우리보다 먼저 퇴직한 정 ○○ 차장 알지. 그 친구는 협력사 ○○정공에 들어 간 모양이야. 그동안 재취업 하려고 그렇게 노력하더니 잘 안되었잖아. 그런데 자기 팀장이 추천해줘서 얼마 전부터 ○○정공으로 출근한다고 하더라. 결국 아는 사람의 소개로 재취업에 성공한 셈이지."

그 말을 들으니 이전 재취업 관련 교육을 받을 때 강사가 한 말도 기억이 났다. 그 당시에는 마음에 와 닿지 않았던 내용이라 한쪽 귀로 듣고 다른 쪽 귀로 흘려버렸던 것이었다.

"여러분, 지금까지 가지고 있던 자존심은 집에 잠시 두세요. 생각처럼 재취업은 쉽지 않습니다. 그동안 여러분이 알고 있던 인맥을 활용하세요. 지인의 소개나 추천은 재취업 성공율을 확실히 높일 수 있습니다."

재취업을 위해 그동안 열심히 입사지원을 했지만 나 혼자만의 러브콜이었을 뿐이었다. 생각을 바꾸고 결심이 선 이상 머뭇거릴 이유가 없었다. 나는 내가 퇴직자이며 재취업을 원한다는 사실을 주변에 알리기 시작했다. 우선 회사에 아직 근무하고 있는 친하게 지냈던 구매담당 팀장에게 전화했다.

"김 부장님, 잘 계시죠, 여전히 바쁘시죠. 저도 잘 지냅니다. 막상 회사를 떠나니 전화 드리기 어색해서 연락이 늦었네요. 이런 부탁드려도 되는지 모르겠습니다. 혹시라도 제가 일할 수 있는 회사나 추천해줄만한 회사가 있으면 잊지 말고 꼭 소개해주세요. 재취업이 생각처럼 쉽지가 않은 것을 요즘 많이 느끼게 되었어요. 도움이 필요합니다. 부탁드립니다."

친한 학교 선배들, 협력사 대표께도 안부전화를 드렸다. 그리고 취업에 도움이 필요하다는 말을 전하였다. 내 전화를 받은 회사 동료, 학교 선배, 협력회사 대표들 모두 반가워하며 도움이 될 수 있도록 알아봐준다고 했다. 물론 모두가 진심으로 대답하는 것이 아님을 알고 있다. 그러나 그 중 누군가는 정말 취업에 도움을 줄 수 있을 거라는 희망을 가지니 한결 마음이 편해졌다.

결국 내 자신에게 절실한 것은 수동적인 과신이나 행운이 아닌 능동적인 노력과 치열함으로 얻어진다는 것을 알게 되었다. 지금 있는 그대로의 내 상황을 용기 있게 말하고 도움을 받는 것은 부끄러운 일이 아니라 생각하였다. 오히려 재취업을 위한 노력하는 진실한 모습이 아닐까?

다른 사람들이 보는 나의 외부 모습에 연연해하지 말자. 나의 절박함을 거짓 없이 이야기 할 수 있을 때 생각하지 못한 도움을 받을 수 있을 것이다.

사람들은 내가 한 말로 나를 판단할 것이다.

내 욕심의 반만 줄여보자.

한꺼번에 많이 쥐려는 자는 하나도 못 쥔다.

_욕망에 대한 명언

사람들은 누구나 화려했던 지난날을 회상한다. 또 항상 그렇게 살아가기를 희망한다. 나이가 들수록 자신이 좋은 시절에 누렸던 혜택을 벗어던지기 힘들어한다. 하지만 옛날만 추억하며 살아갈 수는 없다.

회사를 떠나면 이제까지 누렸던 많은 것들을 내려놓아야 한다. 경제적인 안정, 지위가 주는 명예, 주위를 둘러싼 사람들. 그래서 퇴직자는 좌절감에 빠지고 자존감에 상처를 받는다. 더불어 자신감마저 상실하게 된다.

나 역시 퇴직을 하면서 절실하게 겪어야 했던 과정이었다. 무엇보다도 자신감과 자존감 상실로 인한 심리적 불안감은 견디기 힘들었다. 특히 퇴직자의 심각한 재취업 난을 직접 겪으며 미래에 대한 불안감은 더욱 커졌다.

재취업 어려움을 체험하기 전, 퇴직 후 얼마 지나지 않았을 때의 일이었다.

구매소속 퇴직자 첫 모임이 1월 중순에 있었다. 작년에 구매소속으로 퇴사한 동료들이 회원이었다. 퇴직 후, 처음 모이는 자리여서 서로 반가워하며 안부와 근황을 물었다.

"최 부장님. 얼굴이 좋아졌네요. 회사 스트레스 안 받아서 그런 건가요?"

"이 부장도 마찬가지네. 그래 백수로 지내니 어때요? 지낼 만 해요?"

"김 부장은 어디 여행 가셨다고 하더니 잘 다녀왔나요?"

나를 포함하여 5명의 옛 구매 팀장이 모인 자리였다. 각자 지내온 이야기를 하다가 자연스럽게 재취업 이야기가 나왔다.

"난 아직 구체적으로 재취업 구직활동은 하지 않고 있어. 좀 더 쉬면서 천천히 알아보려고 해. 퇴직을 나 보다 조금 더 일찍 하신 김 부장은 진행사항이 있어요?"

최 부장의 질문에 김 부장이 소주잔을 비우고 대답했다.

"몇 군데 회사에 이력서를 넣었죠. 면접까지 본 회사도 한 곳 있지요. 그런데 제가 포기했어요. 그 회사가 제시하는 연봉이 마음에 차지 않아서요."

김 부장 대답을 들은 이 부장은 더 궁금하다는 듯 말을 꺼냈다.

"그래요. 얼마를 제시했는데 포기했어요? 어느 정도 수준이면 '감사합니다.' 하고 들어가야 되는 것 아닌가요? 재취업하기 어렵다던데."

"아무리 그래도 이전 연봉 수준의 80%는 되어야죠. 그 회사가 제시한 연봉은 60% 수준정도 되는 것 같았어요."

김 부장은 다른 사람들의 동의를 구하듯 대답했다.

그 당시 나도 김 부장이 하는 말에 공감을 했었다. 그러나 이전 회사는 대기업이고 팀장 연봉 수준은 적어도 팔천만원 이상은 짐작 되었다. 김 부장이 희망한 수준은 80%이니 육천만원 이상이다. 나도 이전 연봉의 80%는 받아야 한다는 생각이 있었다.

거기에는 이유가 있었다. 내겐 쌍둥이 남매가 있다. 결혼하고 십년 만에 낳은 소중한 자식들이다. 겨우 초등학교 5학년 쌍둥이를 교육시키려면 앞으로 적지 않은 돈이 필요하다. 그리고 연로하신 부모님도 모셔야 한다. 전형적인 '끼인 세대'인 나에게는 기본적인 수입이 절실하기 때문이다.

막상 재취업을 위해 이력서를 작성하다 보니 희망 연봉을 적는 것이 고민이 되었다. 과연 얼마를 적어 넣어야 할까? 참 어려웠다. 내가 원하는 수준으로 적자니 채용해줄 회사가 없을 것 같고 그렇다고 너무 낮은 금액을 적자니 자존심이 상하는 것 같았다.

그러나 재취업을 위해 구직 사이트를 보면서 나는 고정관념을 한꺼번에 날려버릴 수 있었다. 한마디로 현실을 몰라도 너무 몰랐던 것이다. 연봉만이 아니었다. 근무지가 지방이거나 근무 환경과 종업원 복지수준이 열악한 회사들만 눈에 보였다. 모든 것이 기대에 미치지 못했다.

난 또 다른 현실을 직시해야 했다. 결국 현실성 없이 의욕만 가지고는 재취업의 문턱을 넘어서는 것이 힘들다는 사실을 깨닫게 되었다. 내가 가진 욕심을 버리는 대신 새 회사에 들어가 나의 가치를 보여주고 장기적으로 일할 수 있는 기회를 가지는 것이 현명한 선택이라 생각되었다.

간혹 뉴스에서 대기업 임원 출신 퇴직한 분이 택시기사로 일하는 모습, 은행장 출신 건물 경비원도 볼 수 있다. 또 책에서 교장선생님 하시던 분이 남이섬 청소부로 취직 했다는 내용도 볼 수 있었다. 화려한 지난날은 뒤로한 채 눈높이를 낮춰 일자리를 구한 분들을 소개하는 내용이었다. 자신의 새로운 일터에서 보람과 긍지를 느끼며 사시는 분들이 생각보다 많았다. 그들에게서 교훈을 얻어야 할 것이다.

퇴직 이후 재취업이 너무 어렵다고 한다. 하지만 재취업에 성공한 사람은 분명 있다. 문제는 '내 일자리가 없다'라는 것이다. 이 난관을 극복하고 취업에 성공하기 위해서 먼저 내 역량을 최대한 높여야 한다. 아울러 스스로 자신이 가진 욕심을 낮추어야 한다. 과감히 자신의 욕심에서 반 이상 낮추어보자.

이런 각오로 포기하지 않고 재취업 문을 계속 두드린다면 아무리 두터운 문이라도 결국 빗장은 열리지 않을까?

최대한 끈기 있게 지원하자.

**평범한 내가 쉽지 않은 목표를 달성하기 위해서는 남들보다 두세 배 더 시간을
투자해야 한다.**

_ 안철수

혹 영국 수상 윈스턴 처칠의 옥스퍼드 대학 졸업식 축사를 알고 있
는가?

처칠은 팔삭둥이 조산아로 태어났다. 초등학교 시절, 제일 멍청한
소년이라는 말을 들었다. 중학교 시절에는 영어 과목에서 낙제를 받
아 3년 동안 유급 했다. 하지만 그는 훗날 영국의 수상이 되었다.

수상이 된 그가 옥스퍼드 대학 졸업식 축사를 하게 되어 위엄 있
는 차림으로 연단에 올랐다. 졸업식장에 있던 많은 사람들이 자리에
서 일어나 박수를 치며 수상을 환영하였다. 처칠은 자신의 모자를 벗
고서 천천히 청중들을 한 번 둘러보았다. 졸업식장의 모든 사람들이
그가 할 축사를 기대하면서 숨을 죽였다. 드디어 수상인 처칠이 입을
열었다.

"절대로 포기하지 마세요.(Never Give-up!)"

수상의 힘 있는 첫 마디를 들은 청중들은 처칠의 다음 말을 기다렸
다. 수상은 다시 한번 자신을 바라보고 있는 청중들을 향하여 큰 소
리로 외쳤다.

"절대로, 절대로, 절대로 포기하지 마십시오.(Never, Never,
Never Give-up!)

영국 수상 윈스턴 처칠의 축사는 그것이 전부였다.

이미 알고 있는 이야기일 수도 있다. 처칠이 한 옥스퍼드 대학 졸업 축사를 재취업에 도전하는 많은 퇴직자들과 나누고자 한다. 퇴직자들이 겪는 심리적 변화과정 중 조급함도 있다. 자신감과 자존감을 되찾기 위해 하루라도 빨리 재취업을 하고 싶어 한다.

하지만 생각만큼 재취업 문은 쉽게 열리지 않는다. 퇴직자들은 다양한 방법으로 재취업의 문을 두드린다. 어떤 사람은 헤드헌터를 이용하고 또 어떤 사람은 지인들의 도움을 요청하기도 한다. 그 외에도 각종 일자리 지원 센터, 고용 지원 센터를 활용하기도 한다. 그럼에도 불구하고 원하는 시점에 재취업에 성공하는 확률은 극히 낮다. 퇴직자 대부분은 지루하고 힘든 구직 기간을 장기적으로 보내게 된다.

그러다보면 차츰 재취업에 대한 자신감을 잃고 포기하는 사람도 나온다. 조급한 마음에 자신과 전혀 어울리지 않는 회사에 들어가는 사람도 생긴다.

나의 가까운 사람들에게서 두 가지 모두 다 확인할 수 있었다. 퇴직한지 3개월 정도 지나 봄기운이 완연할 즈음이었다.

회사 동기인 문 차장에게 연락이 왔다. 문 차장은 나 보다 3개월 전인 9월에 명예퇴직을 했었다. 벌써 퇴직한지 반년이 지났다. 그는 여전히 구직활동을 하고 있었다.

"최 차장, 잘 지내고 있나? 시간되면 한번 만나 소주라도 한 잔하자. 백수가 더 바쁘다더니 얼굴 보기가 더 힘드네."

나도 반가운 마음에 곧바로 좋다고 했다.

홍대 근처 생맥주집에서 오랜만에 만난 문 차장 얼굴은 이전보다 더 나이 들어보였다. 머리카락이 더 빠진 것 같고 흰 머리도 많아진 것 같았다.

"야! 안 본 사이 고생 많았나 보다. 머리카락 더 빠진 것 아냐. 넌 어떻게 지내냐? 나 보다 쉰지도 더 오래되잖아"

"그럭저럭 지내지. 그동안 자격증 두 개 취득했지. 굴삭기 면허랑 대형 버스 운전 면허 말이야. 재취업 희망은 버리기로 했어. 지난 6개월 동안 이력서 제출한 회사가 200개도 넘을 거야. 하지만 어느 회사도 연락 오지 않았어. 나이 50 넘어 재취업하려한 것이 욕심 이었나봐. 이젠 자격증 가지고 일할 곳이 있는지 알아보는 중이야."

친구의 말을 들으니 그가 재취업 하려고 얼마나 노력하였는지 대충이나마 짐작할 수 있었다. 회사에서 그는 경리업무를 오랫동안 했었다. 구매로 자리를 옮기고는 나와 함께 일을 했었다. 별명이 '엑신'으로 불릴 만큼 전산 능력이 뛰어난 친구였다. 하지만 그 역시 재취업의 두터운 문을 열기에 역부족이었던 것이다. 어렵게 취득한 자격증이 새로운 그의 인생에 도움이 되었으면 한다.

회사 선배인 이 과장은 두 번째 케이스다. 선배는 작년 1월 명예퇴직을 했다. 정년퇴직을 1년 정도 남기고 명예퇴직을 한 것이다. 총무에서 구매로 옮긴 뒤부터 나와 5년을 같은 팀에서 동고동락한 선배였다. 50이 넘은 나이에도 불구하고 열정적으로 일하고 성실함이 체화된 사람이었다. 선배가 퇴직한 후에도 연락을 주고받을 정도로 끈끈한 정을 나누던 사이였다.

선배로부터 연락을 받은 것은 초여름이 시작된 6월 중순이었다.

1년 넘게 구직활동을 하다 최근에야 지인소개로 중소업체에 입사하게 되었다는 반가운 소식을 들었다.

"선배, 정말 축하해. 드디어 백수 탈출 성공하셨네. 그간 마음고생 많았죠. 정말 다행이에요. 첫 월급 받으면 소주 한잔 사요."

나이 때문에 거듭 취업에 실패를 해 마음고생 많았던 선배였다. 그래서 난 선배의 재취업을 진심으로 축하했다.

그러나 선배는 새 회사에 삼 개월을 못 버티고 다시 백수가 되었다. 어렵게 재취업을 했지만 막상 새 회사에 적응하지 못한 것이다. 선배 말로는 어떻게든 버텨보려 했지만 자신에게 전혀 맞지 않는 업무를 계속 할 수 없었다고 했다. 더구나 함께 일하는 사람들의 따돌림과 불화도 너무 견디기 힘들었다고 했다.

나는 퇴직자의 삶을 같이 하는 동료나 선배를 통해 재취업의 두터운 문을 다시 느낄 수 있었다. 그리고 조급한 마음으로 자신과 맞지 않는 회사에 들어가는 것도 어리석은 선택임을 알 수 있었다.

자신의 내면의 소리에 귀를 기울여 보자.

이젠 다음 인생의 선택을 스스로 결정할 수 있다. 만일 내면의 소리를 통해 꼭 재취업해야 한다고 결정했다면 처칠의 말처럼 절대로, 절대로, 절대로 포기하지 말자.

사람의 의지는 신념, 믿음, 인내심으로 구성된 것이다. 반드시 재취업에 성공하겠다는 신념과 믿음을 갖고 인내심 있게 도전해보자. 재취업하기가 어려운 일이긴 하지만 포기할 필요는 없다. 결국 포기하지 않는 사람이 이길 것이다.

조급하면 지게 된다.

간절하면 직접 찾아가보자.

모든 것은 간절하게 원하면 통한다.
용기는 간절히 원하는 것을 이루기 위해 취하는 행동이다.

_ 조 지라드, 미국 자동차 판매왕

"어떤 순간의 고난이 비록 참기 힘든 것이라 할지라도 상상할 수 있는 가장 처참한 것보다는 낫다"

2차 세계대전 당시 아우슈비츠 수용소에서 살아남은 생존자로 '죽음의 수용소에서'를 쓴 빅터 프랭클 박사가 했던 말이다.

자신의 내면의 소리를 듣고 퇴직 후 제 2의 삶의 시작을 재취업으로 결정을 하였다. 그리고 열심히 재취업의 문을 두들겨 보았지만 아무런 결과도 만들 수 없었다. 결국 재취업에 대한 희망을 접고 포기할 것인가? 만약 포기를 할 생각이라면 빅터 프랭크 박사가 한 말을 생각해보기 바란다.

빅터 프랭클 박사는 유태인 정신과 의사였다. 그는 그 잔혹하기로 이름난 아우슈비츠 수용소에서 살아남았다. 그가 살아남을 수 있었던 이유는 자신이 겪고 있는 상황보다 더 혹독한 상황을 상상하며 삶의 희망의 끈을 놓지 않았기 때문이다.

그렇다. 최악을 생각하다 보면 최선의 방법이 생길 수 있다. 재취업에 대한 간절함이 있다면 취업을 직접 부탁하는 것은 어떨까? 재취업에 대한 희망을 포기하는 전에 마지막 최선을 다하는 심정으로 직접 찾아가 취업 부탁을 해보자. 물론 상당한 용기가 필요한 일이다. 하지만 한 번은 부딪쳐 볼 필요가 있다.

퇴직한지 5개월이 지나 갔다. 수차례 입사지원서를 제출하면서 은근히 재취업에 대한 희망을 가졌었다. 하지만 여전히 돌아온 것은 무응답뿐이었다. 이대로 있어서는 안 되겠다는 생각이 문득 들었다.

그래서 신입사원 시절 자동차 영업을 하며 동고동락했던 동기 신○○이라는 친구에게 전화를 했다. 친구는 신입사원 때부터 자기 사업을 하겠다는 뚜렷한 목표가 있었다. 목표를 이루는 준비를 젊은 시절부터 착실히 했다. 그 결과 자기 사업을 시작하게 되었다. 회사 대표가 된지 십 오년이나 되었다. 비록 규모는 작지만 삼성 계열사에 소모품을 납품하는 유통회사를 경영하고 있었다.

"신 사장님. 오랜만에 인사드립니다. 최 차장입니다."

전화기 저쪽에서 오랜만에 듣는 친구의 목소리가 들려왔다.

"야! 오랜만이야. 그동안 바빠서 전화도 못 했다. 그래 어떻게 지내냐?"

막상 반가워하는 친구 목소리를 들으니 취업 부탁을 하려고 전화했다는 말이 입 밖으로 나오지 않았다. 하지만 이왕 마음먹고 전화 했으니 기회를 놓칠 수는 없었다.

"응. 그럭저럭 지내지 뭐. 그래 여전히 사업은 잘 되고 있니? 혹시 시간되면 내가 너네 회사로 한번 찾아갈까 하는데 괜찮아?"

"요즘 잘되는 사업이 어디 있냐? 힘들어도 이래저래 버티는 거지 뭐. 그래 무슨 일 있냐? 우리 회사에 온다고. 내일 어디 안 나가니까 점심 같이 하자. 오랜만에 얼굴도 보고."

다음 날 시간에 맞춰 친구 사무실을 찾아 갔다. 점심시간이라 곧장 근처 순대국 집으로 갔고 자리에 앉아 물을 따르면서 친구가 물었다.

"어째 얼굴 표정이 별로 안 좋네. 무슨 일 있는 건 아니지"

표시내지 않으려고 신경을 썼지만 친구 녀석은 예리하게 알아차린 모양이었다.

"사실 내가 작년 연말에 명예퇴직을 했어. 벌써 5달이나 지났다. 그 동안 쉬면서 여기저기 구직활동을 했는데 잘 안되더라. 그래서 말인데 혹 너 회사에서 일을 할 수 있으면 채용 좀 해주라. 농담 아니니까 진지하게 생각해주라."

음식이 나오기 전에 어렵지만 하고자 했던 이야기를 하였다. 나의 느닷없는 이야기를 듣고 친구는 잠시 당황해했다. 그리곤 이내 대답을 했다.

"너 회사 나온 줄은 몰랐네. 5개월이나 지났는데 이제야 이야기 하냐. 그동안 마음고생 많았겠네. 갑자기 일자리를 부탁하니 좀 황당하다. 하기야 오죽하면 나한테까지 부탁하겠냐? 그런데 나도 요즘 그다지 좋은 상황이 아니야. 미안하지만 네 부탁을 들어주긴 어려워. 그리고 솔직히 우리 회사에서 네가 할 만한 일도 없어. 어쨌든 나도 알아봐 줄게. 힘내고 밥부터 먹자"

점심식사를 마치고 사무실에서 커피 한잔을 마시며 친구는 내게 말했다.

"너 하던 일이 구매였다고 했지. 그럼 전산 활용하고 자료 만드는 일은 많이 해 봤겠네. 지금 당장은 없지만 혹시 추천할 만한 회사가 있으면 연락해줄게. 그래도 잘 왔어. 안 그랬으면 너 실업자 된 줄 모르고 있을 뻔 했잖아."

비록 나의 부탁에 대한 거절 답변을 들었지만 기분 좋게 친구와 헤어질 수 있었다. 어려웠지만 하고 싶었던 말을 하고 나왔다는 생각은 후회를 만들지 않았다. 게다가 취업을 도와준다는 친구가 한 명 더 생겼기 때문이었다.

직접 채용을 부탁하기 위해 상대를 찾아간다는 것은 대단한 용기가 필요하다. 상대방이 친구든, 아는 선배든, 정말 아무 연고도 없는 사람이든 간에 정말 절박하지 않으면 할 수 없는 행동이다.

그렇지만 포기하는 것보다는 한번 실행하는 것이 후회가 없을 것이다. 대부분 실패의 원인은 노력이 부족하기 때문이다. 마지막까지 최선을 다해 본다는 결심으로 직접 채용을 부탁하는 것은 노력을 다하기 위한 용기가 필요한 행동이다. 직접 채용을 부탁하였음에도 재취업을 할 수 없는 상황이 될 수도 있다. 하지만 실망할 이유는 없다. 할 수 있는 노력을 다하였다면 당장은 아니더라도 반드시 좋은 결과가 따를 것이다.

오늘 내가 한 행동이 미래를 바꿀 수 있다는 믿음을 가지자.

재취업이라는 확실한 목표가 있다면 죽기 살기로 부딪쳐보는 건 어떨까?

07장
창업, 하기 나름이다.

1. 묻혀있었던 잠재력을 확인하자.
2. 외부에 보이는 모습에 연연해 말자.
3. 기회와 망설임은 한 세트이다.
4. 결정하였으면 치열하게 준비하자.
5. 실패도 경험이다. 너무 두려워 말자.

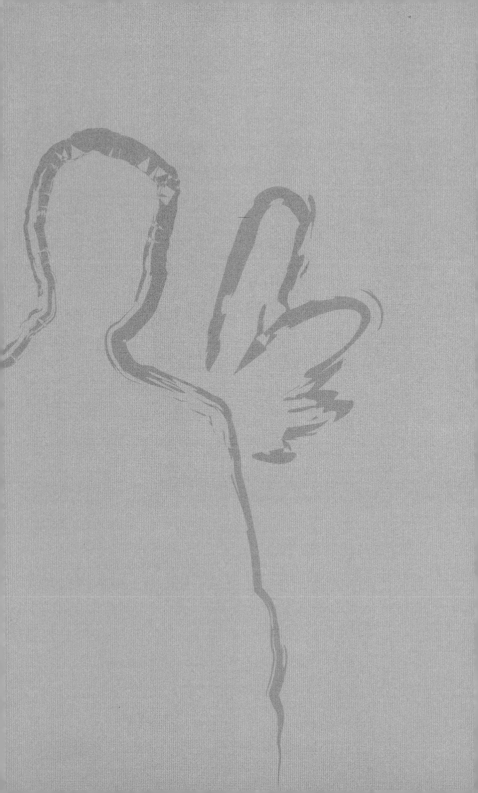

묻혀있었던 잠재력을 확인하자.

나의 잠재된 능력을 찾아야 하겠다는 오래된 추구가 나를 지탱해온 힘이었다.

_ 찰스 핸디

좋은 글을 쓰기 위한 방법으로 다문[多聞], 다독[多讀], 다상량[多商量]이 있다.

내가 나를 알아가기 위해 사용한 방법이다. 많이 들어보고 많이 읽어보고 생각을 많이 하는 것이 자신의 가치와 잠재력을 확인하는 지름길이라 믿었다. 더불어 혼자서 여행도 떠났다.

첫 여행을 떠난 것은 3월 초였다. 목적지는 베트남이었다. 그 곳에서 사업을 하고 있는 후배의 초청을 받았다. 구정을 보내기 위해 귀국한 후배를 만났고 나는 퇴직 후 진로에 대한 고민을 털어놓았다. 그러자 후배는 머리도 식히고 자기 사업을 보러 오라는 이야기를 했다.

일주일 여정으로 베트남 하노이와 호치민을 돌아다녔다. 후배 회사는 베트남에 진출한 삼성계열사, 효성 같은 우리나라 대기업들 현지 공장에서 필요한 부자재를 공급했다. 또한 대기업과 함께 진출한 중견 협력사의 공장에 필요한 물품을 공급했다.

후배와 함께 한창 건설 중인 공사 현장을 찾아갔다. 살인적인 더위와 싸우며 일하는 한국 직원들을 보며 많은 생각을 했다. 열악한 환경에서 땀 흘리는 그들을 보며 느끼는 바가 많았다. 여행처럼 온 베트남에서 보낸 일주일은 단순한 여행이 아니었다.

타국에서 회사를 운영하는 후배를 통해서도 많은 것을 배우고 느꼈다. 어학은 기본이고 철저한 비즈니스 마인드로 베트남 직원들을 이끄는 리더십은 인상적이었다. 현지화를 위해 베트남 문화도 이해하려 애를 쓰고 있었다.

솔직히 내겐 무역업에 대한 꿈이 있었다. 중국을 상대로 무역을 하는 모습을 상상하곤 했다. 중국어를 전공했다는 이유만으로 꿈을 꾼 것이다. 베트남에서 보낸 일주일은 나 자신의 현실을 정확히 아는 계기가 되었다.

꿈과 현실은 다르다는 사실을 분명하게 알게 된 것이다. 좋아하는 일이 할 수 있는 일이 아닐 수 있다는 것을 깨달은 것이다. 좋아하는 일을 할 수 있는 일은 되게 하려면 부족한 부분을 채워야 하며 엄청난 노력이 필요하다는 것을 뼈저리게 느꼈다.

혹 지금까지 자신의 잠재력이 무엇인지 생각해 본적이 있는가?

어린 시절 우리는 세상이 우리 것인줄 알았다. 하지만 학교에 들어가면서 세상이 만든 규칙 속에 갇혀 지내고 졸업해서는 사회의 톱니바퀴로 살아왔다. 돈 벌기 위해, 조직에서 살아남기 위해 그저 앞만 보고 달려온 것이다.

자신의 잠재력이 무엇인지 생각할 겨를도 없었다. 자신보다 가족을 위해 살아온 퇴직자들이다. 재직 중에는 자신이 일한 분야의 베테랑이라 인정받은 사람도 있을 것이다. 결국 그런 베테랑조차 퇴직하는 순간부터 세상에 던져진 햇병아리일 뿐이다.

20~30년 회사생활을 하고도 왜 세상 물정 모르는 햇병아리 신세가 되었을까? 그건 자신을 위해 산 시간보다 다른 사람을 위해 산 시간이 더 많기 때문이다.

그러다 어느 사이 인생 중간까지 오게 되었다. 그리곤 잠시 길을 잃어버렸다.

아무리 불황이어도 호황을 누리는 사업이 있다. 사람들 운세를 보는 점집이 그것이다. 그 만큼 미래의 막연한 두려움을 가진 사람들이 많음을 시사해준다.

지금껏 안정된 회사생활을 하다 순식간에 퇴직하게 된 사람들은 오죽 하겠는가?

아마도 이순간에도 미래의 고민과 걱정으로 밤잠 이루지 못하는 퇴직자들은 헤아릴 수 없이 많지 않을까?

하지만 늦지 않았다.

지금부터 물질적 문제인 '무엇으로 살아가나'에서 벗어나자. 대신 '무엇을 위해 살아가나'로 바꾸어보자. 자신의 가치와 자신 안에 감추진 잠재력을 먼저 찾아내보자.

그렇다.

준비 없는 창업은 성공할 확률이 거의 없다. 이것은 따로 설명이 필요 없다.

이미 수많은 창업 실패자의 사례가 있기 때문이다. 자신의 가치와 잠재력이 무엇인지 확인하지 않은 채 다른 사람 기준으로 창업하는 것은 너무 어리석은 일이다. 그야말로 사회에 갓 나온 햇병아리 같은 행동이다.

그럼에도 한 집 건너 편의점, 한 집 건너 치킨 집, 커피전문점이 우후죽순처럼 생기는 것이 현실이다. 이런 현상은 퇴직 후 생긴 조급증 때문이다. 우선 눈에 보이는 쉽게 돈을 벌 수 있는 아이템이라 생각하기 때문이다. 퇴직금이 흔적도 없이 모두 사라진 후에야 섣부른 창업을 땅을 치며 후회한다.

내 안의 소리를 들어보자.

그래서 자신의 가치, 자신의 숨은 잠재력을 먼저 확인하자. 자신의 진정한 가치를 알게 되면 자신을 사랑하게 된다. 자신을 사랑하게 되면 지금과 다른 시각으로 앞날을 설계할 수 있다.

창업은 쉬운 일이 아니다. 함부로 덤벼들 수 있는 것이 아니다. 사업이든, 장사든 철저한 준비를 해야 한다.

철저한 준비의 첫 번째는 지금까지 살아온 자신의 모습을 되돌아보는 것이다.

우리는 너무 오랫동안 타인을 위한 삶을 살아왔다. 이제 인생 후반을 시작하는 시점이다. 자신의 생각대로 살지 않으면 또다시 사는 대로 생각하게 될 것이다.

외부에 보이는 모습에 연연해하지 말자

스스로에 대해 진정으로 알게 되는 것은 즐기고 있거나 고뇌하고 있을 때뿐이다. 따라서 고뇌와 기쁨을 통해 자신이 무엇을 추구하고 무엇을 피해야 하는가를 배워야 한다.

_ 괴테

오랫동안 대기업에서 회사생활 한 사람들은 스스로 대단한 사람인 것처럼 생각한다. 자신의 직위나 직책이 높아질수록 정도는 더 심해진다. 자신은 아니라고 하지만 주위사람들이 그런 대접을 해준다. 협력사나 업무상 만나는 사람들은 더욱 그렇다. 심지어 대기업에 다니면 그 사람의 아내도 사모님이라 불린다.

퇴직하면 곧바로 알게 된다. 대기업 직원이 누리는 다양한 혜택, 다른 사람들이 불러주던 호칭도 부질없다는 것을. 당연한 일이다. 자신이나 아내를 부르던 호칭도 회사로 인해 생긴 것뿐이다. 한 명의 자연인이 되면 거기에 적당한 호칭이 새로 생긴다.

그러나 대기업 근무했던 퇴직자들은 급작스런 변화에 적응을 잘하지 못한다. 변화에 적응을 하는데 시간이 많이 걸린다. 그만큼 가졌던 것을 내려놓기가 힘이 든다.

사실 나도 퇴직 후 갑자기 다가온 변화에 적응하지 못했다. 말로만 듣던 백수 신세가 현실이라는 것을 실감하지 못했다. 그래서 퇴직 전과 별반 다르지 않은 생활을 하며 지냈다. 퇴직 전과 별로 다르지 않은 생활은 돈 씀씀이를 말한다. 오히려 여유있는 시간이 많아져 이래저래 지출이 더 많아졌다.

그런 내게 정신이 번쩍 나게 해준 사람이 있었다. 다름 아닌 동생이었다. 동생은 자동차 부품 제조사의 영업 담당 이사로 일했다. 동생은 퇴직한 형을 위로해주려고 저녁식사를 하자고 했다. 동생 회사가 있는 판교로 차를 몰았다. 약속장소인 일식 퓨전 식당에서 미리 나온 동생이 나를 반기며 인사했다.

"형. 여기야. 잘 찾아왔네. 얼굴이 더 좋아졌네. 백수생활이 지낼 만한가 보네?"

"너 보기엔 내 얼굴이 좋아 보이냐? 너도 실업자 한번 되어봐. 그럼 어떤지 알거야."

나도 웃으며 농담으로 답했다. 동생이 말했다.

"이왕 그만두었으니 당분간 푹 쉬어. 우선 재충전을 위한 휴식이 필요할거야. 백수인 사람에게 이런 얘긴 좀 그렇지만 난 요즘 정신없이 바빠 스트레스가 장난 아냐. 명예퇴직하고 쉴 수 있는 형이 부럽네."

"야, 그런 말 마. 회사 일할 때가 좋아. 게다가 넌 회사임원이잖아. 직원들한테 잘해 줘. 너 스트레스 받는다고 직원들 너무 몰아세우지 말고"

동생과 오랜만에 부담 없이 이런저런 이야기를 나누며 소주를 반주 삼아 식사를 했다.

식사를 마치고 동생은 계산을 하고 자리에 돌아와 나에게 말했다.

"바로 옆에 지하철역이 있어. 난 잠실방향 타면 되고 형은 반대방향 타면 되겠네."

그리곤 자리에서 일어나려 했다. 일어서는 동생을 붙잡고 말했다.

"나 차 가지고 왔어. 대리운전 올 때까지 잠깐 앉아 기다리자. 대리운전 아저씨한테 어디로 오라고 하면 되니?"

동생은 어이없다는 얼굴로 말했다.

"형, 아직 정신 못 차렸네. 퇴직한 사람이 회사 다닐 때처럼 살면 안 되는 것 아냐. 노는 사람이 지하철 놔두고 차로 여기까지 왔어. 게다가 대리운전 부른다고. 처음부터 그럴 생각으로 온 걸 보면 아직 대기업 다닐 때가 덜 빠졌네. 수입이 없어졌으면 지출을 줄일 생각부터 해야지. 듣기 싫겠지만 형을 위해 하는 소리야. 옛날 생각을 빨리 버려. 그래야 다시 출발할 수 있어."

동생의 뼈있는 충고를 듣고 난 집으로 돌아오는 내내 마음이 편치 않았다. 동생에게조차 무시당한 기분이 들었던 것이다.

시간이 지나면서 나는 동생이 해준 말을 통해 정신을 차릴 수 있었다.

'맞아. 난 아직 회사에 다니는 것처럼 행동하고 생각하고 있었어. 여전히 다른 사람들 시선을 의식하며 지내지. 내게 놓인 상황을 인정하지 않으면 아무것도 할 수 없겠어. 정신 바짝 차리자.'

최근 외환위기 시절 못지않은 대기업 구조조정이 붐을 이루고 있다. 조기퇴직, 명예퇴직이 직장인들을 불안에 떨게 한다. 분위기가 이렇다보니 직장인들이 흔히 하는 말이 있다.

"다 때려치우고 장사나 한번 해 볼까"

우스운 이야기다. 한마디로 남의 떡이 더 커 보인다는 말이다.

장사를 만만하게 보는 것이다. 자영업을 하시는 많은 사장님들이 피를 말리며 하루하루 생계를 이어가는 것을 모르고 하는 말이다.

새로운 인생을 살아가는 방편으로 창업을 결정한 이상, 장사든 사업이든 이전 내 모습은 잊어야 한다. 더 이상 대기업 직원이 아니다. 만약 자만심이 조금이라도 남아 있다면 아낌없이 버리자. 자만심이란 자신을 미처 채우지 못한 상태이면서 이미 뭔가 차 있는 척 행동하는 것이다. 자만심이 꽉 찬 그릇은 무언가를 더 담지 못한다.

더 이상 남의 시선을 의식하지 말자. 남과 비교도 하지 말자.

오히려 어제의 나와 비교하는 것이 더 현명한 행동이 아닐까?

기회와 망설임은 한 세트다

결정과 실행사이의 간격은 좁을수록 좋다. 성공한 사람들은 결정과 실행사이의 간격을 아주 좁게 유지하는 능력을 가지고 있다. 오늘 미룬 일은 포기해버린 일이나 마찬가지다.

_ 피터 드러커,경제학자

그리스 로마 신화에 나오는 '카이로스'를 알고 있는가?

카이로스는 그리스어로 '기회 (찬스)'를 의미하는 신이다. 카이로스의 풍모의 특징으로서 두발을 들 수 있다. 앞머리는 길지만 후두부가 벗겨져 있다. 즉 '좋은 기회는 빨리 포착하지 않으면 나중에 잡을 수 없다'라는 의미를 가지고 있다.

세월이 지난 후 사람들이 가장 아쉬워하는 부분이 바로 '기회인줄 모르고 기회를 놓쳤던 일'이며 또 '기회임을 알면서도 전력투구 하지 못했던' 자신의 모습이다.

또 중국 속담에 '선비가 반란을 일으키려면 삼 년이 지나도 이룰 수 없다'는 말이 있다.반란을 일으키기 전, 이들은 완벽을 꿈꾸며 부족한 점을 고치고 또 고친다. 결국 때를 놓쳐 원하는 반란을 실천도 못하고 오히려 상대에게 선공을 당한다. 좋은 기회가 주어졌는데도 망설이다가 결국 기회를 놓치게 된다는 가르침을 주는 속담이다.

퇴직 후 외부의 시선에 더 이상 연연하지 않고 창업을 하기로 결정한 사람에게 기회와 망설임은 한 세트처럼 다가온다. 창업 할 수 있는 기회도 오지만 창업을 망설일 수밖에 없는 것도 현실이다.

오랫동안 직장이라는 틀 속에서 생활한 퇴직자들은 사회 초년병일 수밖에 없다. 지금까지 가지고 있었던 우위를 과감히 버리고 새로운 영역으로 도전하는 것은 한 분야의 전문가에서 다른 분야의 햇병아리가 되는 것이다. 그러나 많은 퇴직자들은 자신이 쌓아온 경험과 지식, 인맥에 대한 자만심으로 스스로 사회 초년병이라는 사실을 부정하고 싶어 한다.

또 퇴직 후, 무언가 빨리 시작하지 않으면 안 된다는 강박관념으로 일을 서두르다가 결국 좋지 않은 결과로 이어질 수 있다. 간혹 TV에서 퇴직자를 상대로 재취업이나 창업을 미끼로 사기 행위를 하는 사람들을 보여준다. 퇴직자를 두 번 죽이는 그런 파렴치한 사기 행위를 벌이는 사람도 없어야겠지만 그런 사기에 걸려들지 않도록 항상 조심해야 한다.

기회와 망설임은 동시에 오기 때문에 창업이란 힘든 결정을 하고도 고민할 수밖에 없다. 어떤 아이템을 가지고 할 것인가?, 어디서 시작할 것인가?, 무엇부터 준비해야 하는가? 등 많은 고민이 필요하다. 철저한 창업 준비 과정은 꼭 필요하다.

나는 서울시가 운영하는 50+캠퍼스의 창업 교육과정에 등록했다. 5월부터 7월말까지 3개월간 수강했다. 창업 의지는 있으나 문외한인 점을 고려해 선택한 결정이었다. 교육프로그램은 창업 전문가 강의, 청년 창업가와 교류, 창업 현장 방문 등 다양했다. 함께 수강한 교육생들 모두 퇴직을 경험했거나 예비 퇴직자들이었다. 교육을 통하여 창업에 필요한 정보와 지식을 얻어 성공적인 창업을 원하는 것이 모두의 관심사였다.

처음 교육 받던 날이었다.

사단법인 한국 소호 진흥 협회장이자 중소기업청 시니어 정책 자문

위원인 박 광회 회장이 강의를 했다. 주제는 '시니어 창업 환경' 이었다. 인사를 마친 박 회장은 교육생들을 한번 쭉 훑어보고 질문을 던졌다.

"여러분들 중 혹시 이번 교육 수료후, 자영업 하실 분 있으세요? 체인점도 포함해서 말입니다. 괜찮으시면 손 한번 들어주시겠습니까?"

교육생 몇 분이 손을 들었고 강사는 곧이어 말을 이었다.

"예, 고맙습니다. 손을 들지 않으신 분들도 함께 들어주세요.

2011년 통계청의 조사에 의하면 여러분 같은 50대 이상의 시니어 세대 자영업자 수는 이미 300만 명이 넘었어요. 물론 해마다 증가하는 추세구요.

하지만 창업 3년차에 53.6%, 5년차에는 67%가 폐업을 했습니다. 자영업 시장의 과당 경쟁과 높은 실패율은 심각한 문제가 된 지 오래되었습니다. 결국 차별성이나 경쟁력 없이 자영업 시장에 뛰어드는 것은 아주 위험하다고 할 수 있습니다."

그러면서 박 회장은 자료를 보여주며 교육생들에게 당부했다.

"여기 계신 여러분들은 가급적 자영업 창업은 자제해주시기 바랍니다. 꼭 해야 할 상황이면 공동으로 소자본 창업을 고려해보세요. 그것이 초보 창업자가 리스크를 줄이는 방법입니다."

진지하게 설명을 하는 박 회장의 모습에 교육생들은 더욱 집중했다.

박 회장 외에 교육하러 온 다른 강사들 역시 비슷한 충고를 해주었다. 교육생들은 당황할 수밖에 없었다. 창업 교육을 받으면서 강사들 모두 자영업 창업에 부정적인 의견을 제시하였기 때문이다. 교육생들이 갖고 있던 창업 기대와 희망에 찬물을 뿌리는 것이다. 그만큼 창업의 어려움을 강사들이 강조한 것이다. 철저한 준비 없이 섣불리 창업을 하지 말라는 강한 메시지를 교육생들에게 남겼다.

맞는 말이다.

장작을 패려거든 도끼를 미리 손질해야 하는 것처럼 리스크가 수반되는 창업은 더욱 신중해야 할 것이다.

하지만 창업을 결심한 사람이 리스크를 너무 두려워하는 것도 바람직한 일은 아니다. 리스크를 두려워하는 것은 새롭지만 위험할지도 모르는 시도로부터 보호하는 것이다. 이는 새로운 도전을 피하는 것이다. 창업은 말로만 해서 이루어지는 것도 아니다.

창업은 도전 그 자체이기도 하다. 우유부단함이 치명적일 수 있다. 실수나 실패를 두려워 미적거리다 기회가 달아날 수 있다는 것도 기억하자.

기회라 생각되면 망설임 없이 잡을 수 있는 확신이 필요하다.

어느 95세 할아버지의 회고

나는 젊었을 때 정말 열심히 일했습니다.

그 결과 나는 실력을 인정받았고 존경받았습니다.

그 덕에 65세 때 당당한 은퇴를 할 수 있었죠.

그런 내가 30년 후인 95살생일 때

얼마나 후회의 눈물을 흘렸는지 모릅니다.

내 65년 생애는 자랑스럽고 떳떳했지만,

이후 30년의 삶은 부끄럽고 후회되고 비통한 삶이었습니다.

나는 퇴직 후 "이제 다 살았다. 남은 인생은 그냥 덤"이라는 생각으로

그저 고통 없이 죽기만을 기다렸습니다.

덧없고 희망이 없는 삶

그런 삶을 무려 30년이나 살았습니다.

30년의 시간은 지금 내 나이 95세로 보면

3분의 1에 해당하는 기나긴 시간입니다.

만일 내가 퇴직할 때

앞으로 30년을 더 살 수 있다고 생각했다면

난 정말 그렇게 살지는 않았을 것입니다.

그때 나 스스로가 늙었다고, 뭔가를 시작하기엔 늦었다고

생각했던 것이 큰 잘못이었습니다.

나는 지금 95살이지만 정신이 또렷합니다.

앞으로 10년, 20년을 더 살지 모릅니다.

이제 나는 하고 싶었던 어학공부를 시작하려 합니다.

그 이유는 단 한 가지

10년 후 맞이하게 될 105번째 생일 날

95살 때 왜 아무것도 시작하지 않았는지

후회하지 않기 위해서입니다.

_「시작하라 그들처럼」 (서광원, 흐름출판) 중에서

결정하였으면 치열하게 준비하자

나보다 우수한 골프도 있을 수 있고, 나보다 우승을 많이 한 골프도 있을 수 있다. 그러나 나보다 연습을 많이 하는 골퍼는 없을 것이다.

_ 타이거 우즈

지금껏 우린 좋은 대학 입학해 좋은 직장에 취직하는 것이 최선인 시대에 살아왔다. 이젠 이것만으로 부족하다. 100세 시대가 다가왔다. 4차 산업혁명시대가 되었다.

이 시대를 살아가기 위해서는 새로운 전략이 필요할 때이다.

오래 사는 것이 중요한 것이 아니라, 어떤 목적과 꿈을 갖고 살아야하는지가 중요한 것이다.

비전도 없고 노력도 하지 않은 사람은 한심한 사람이다. 반면 노력은 열심히 하는데 비전이 없는 사람은 미련한 사람이다. 꿈을 가지고 있는데 그 꿈을 이루기 위해 노력하지 않는다면 몽상일 뿐이다. 성공할 수 있는 사람은 꿈을 가지고 있고 그 꿈을 이루기 위해 끊임없이 노력하는 사람이다.

'오랫동안 꿈을 그리는 사람은 마침내 그 꿈을 닮아간다'

소설가 앙드레말로가 남긴 말이다. 꿈을 갖고 인생을 살아가기를 당부하는 말이다.

통계상 87%의 사람은 아무런 꿈과 비전을 가지지 않고 산다고 한다. 겨우 10%의 사람만이 뚜렷한 목표를 가지고 산다고 한다. 더구나 자신의 꿈과 비전을 글로 쓰고 살아가는 사람은 단지 3%뿐이라한다.

진지하게 생각하고 고민하여 자신의 꿈과 비전을 가져야 한다. '창업'은 어려운 일이다. 제 2의 삶을 설계하기 위하여 자신을 돌아보는 시간을 가지고 내 안에 숨겨진 재능을 확인해 어렵게 '창업'을 결정했다면 이젠 치열한 준비가 필요하다. 자영업이든 사업이든 구분할 필요가 없는 것이다.

가정의 달 오월이 되었다.

예전에는 내게 오월은 각종 이벤트를 준비하느라 바쁘면서 기대되던 달이었다. 그러나 퇴직 후 맞는 오월의 느낌은 달랐다. 너무 시간이 빨리 가는 것이 불안할 뿐이었다. 순식간에 몇 개월이 지나갔다는 느낌만 들었다.

5월 어느 날, 신문에서 F1 장사 아카데미에서 예비창업자를 위한 특강 광고를 보았다. '장사귀재' 라는 별명을 가진 김철윤 해리코리아 대표의 특강이었다. 나는 예비창업자의 마음으로 특강을 듣기 위해 찾아갔다.

교육장은 이미 많은 사람들로 가득 했다. 모두 특강이 시작되길 기다렸다. 참석한 사람들 연령도 다양했다. 이십대부터 나이 지긋한 어르신도 보였다. 힘들고 어려운 시대를 살기 위해 자영업을 선택한 사람들인 것 같았다.

'필승 창업의 10가지 핵심 성공 요인'이 특강 주제였다. 제목이 예비창업자들의 주목을 끌었다. 특강을 통해 하나라도 더 배우려는 사람들 열기는 뜨거웠다.

드디어 '32전 32승 장사귀재' 김철윤 대표가 연단에 올라섰다.

50대 중반이라는 나이가 무색할 만큼 젊게 보였다. 자기 관리가 철저한 사람이라는 것을 짐작할 수 있었다. 김 대표는 정열적인 강연을 했다.

젊은 날, 그는 부천역 앞 가요테이프를 파는 노점상으로 장사인생을 시작했다고 한다. 이후 당구장, 카페, 비디오대여점, 식당, 레스토랑 등 여러 업종을 경험하며 지금처럼 성공한 기업인이 되었다고 하였다.

'장사는 뿌린 대로 거두는 업종이다'

'내가 노력한 만큼 결과를 기대한다.'

'아는 만큼 성공한다.'

김 대표의 특강에서 핵심적인 말을 메모했다.

열강을 하는 김 대표의 모습에서 프로가 어떤 것인지를 느낄 수 있었다.

집으로 돌아오는 지하철 안에서 난 메모한 수첩을 꺼냈다. 수첩에 정리한 내용을 다시 보았다. 앞으로 창업 준비하실 분들에게 유용한 것이라 소개한다(김 대표가 말한 10가지 중 내게 필요한 5가지만 정리했음).

필승 창업을 위한 핵심 성공 요인 5가지

1. 적성에 맞는 일을 해야 한다.(적성은 노력으로 바꿀 수 있다.)
2. 열정은 자영업 성공의 터보엔진이다.
3. 감성적인 접객은 자영업의 감초이다.
   (웃을 수 없으면 창업하지 마라.)
4. 상권과 입지선정은 핵심 체크포인터이다.

(업종에 맞는 상권과 입지가 중요하다)

5. 지속적으로 롱런할 수 있는 아이템인지 고민하라.

지금까지 회사를 통해 자신의 성장을 도모했다면 이젠 스스로 성장해야한다.

'결과'는 '생각'의 산물이다. 제2의 삶의 결과는 결국 자신의 생각에 의해 결정된다. 그동안 '바쁘다', '피곤하다', '힘들다'는 핑계로 자신을 위한 생각을 하지 못했다면 이제라도 자신을 위한 생각을 많이 해야 한다.

'창업'을 위한 준비는 자신을 돌아보며 생각하는 것이 시작이다.

그래야 자신의 감춰진 재능을 찾을 수 있을 것이다. 자신의 재능을 사업으로 연결시키기 위해 배움의 필요성도 느낄 것이다. 많이 배우면 배울수록 정확하게 판단할 수 있는 안목이 생기게 될 것이다. 그러면 실패할 확률이 줄어들 것이다. 실패할 확률이 줄어들면 그만큼 시간과 비용도 낭비되지 않을 것이다.

또 창업을 결심한 사람은 본인 스스로 괜찮은 사람이 되어야 할 것이다. 아무리 작은 일이라도 남에게 도움을 줄 수 있는 사람이 되겠다는 자세가 필요하다. 그것은 자신의 품격을 높이는 것이다. 결국 자신을 둘러싸고 있는 사람들은 바로 자신을 비추는 거울과 같다. 좋은 사람 곁에는 좋은 사람이 모이고 악한 사람 곁에는 악한 사람이 모이는 것이다. 성공적인 창업을 위해 주위에 좋은 사람이 많아야 한다.

치열하게 준비한 창업은 성공할 확률을 높일 수 있다. 성공한 제2의 삶을 살게 해줄 것이다.

실패도 경험이다. 너무 두려워하지 말자.

시도해보지 않고서는 누구도 자신이 얼마만큼 해낼 수 있는지 알 수 없다.

_ 푸블릴리우스 시루스, 고대 로마 시인

퇴직한지 벌써 8개월이 지났다.

그렇게 무덥던 여름날 폭염이 언제 그랬냐는 듯 선선한 가을 기운이 느껴진다.

이전과 다른 느낌으로 봄과 여름을 보냈다. 항상 반복되던 시간이 아닌 스스로 정한 계획대로 시간을 사용할 수 있었다.

어쩌면 마음속에서만 가졌던 탈 샐러리맨 생활을 즐겼는지 모르겠다. 하지만 한 가정의 가장으로 짊어지고 있던 부담감은 아직 여전하다. 이젠 새로운 도전을 하고 싶은 생각이 나의 내면에서 솟아나고 있다.

지금까지 내 삶은 나의 결정이 아닌 것 같다. 생각해보면 평범하게 살아왔다. 그 나이에 맞게 살아왔을 뿐이다. 마음 내키는 대로 살면 안 되는 줄 알고 살았다. 그렇게 살다보니 어느 듯 나이 50이 되어 있었다.

아직 내 가족과 지인들은 걱정을 한다. 여전히 안정된 수입원을 갖지 못한 것, 초등학생인 쌍둥이 남매 교육 문제, 장남, 장손으로 부여된 역할 등, 걱정되는 문제가 한 둘이겠는가? 하지만 그들은 모른다. 가장 걱정 많은 사람은 바로 '나'라는 것을.

만약 내게 도전할 것이 없었다면 걱정거리로 둘러싸인 힘든 날들

뿐 이었을 것이다. 그러나 나는 이루고 싶은 꿈이 생겼다. 정말 열심히 생각하고 고민했다. '내가 하고 싶은 일', '내가 할 수 있는 일', '내 가슴이 뛸 수 있는 일'을 찾는 어렵고 힘겨운 시간을 보내야 했다. 어렵고 힘든 시간이 이젠 기대와 희망어린 시간으로 바뀌어 갔다.

아직은 미완성이지만 내가 설계하는 인생 2막의 키워드는 '책'과 '중국'이다.

'책'은 내겐 친구이자 선생이다. 항상 곁을 떠나지 않는 친구고 만날 때마다 나를 성장시켜준 선생이다. 책 읽는 즐거움은 독자에서 저자로 변신하겠다는 결심을 하게 했다. 내 마음속에 '작가'의 꿈이 생겨난 것이다.

꿈은 도전하고 싶은 욕구로 이어졌다. 인터넷에 '책 쓰기'를 검색했다. 생각보다 많은 정보에 당황했다. 결국 직접 확인하는 방법을 선택했고 책 쓰기 특강을 찾아다녔다. 직접 가서 듣고 물으며 나에게 맞는 선생을 찾았다.

가보지 않은 길을 가는 것은 대단한 용기가 필요하다. 용기와 함께 비용도 필요했다. 나를 위한 투자를 결심했다. '저자되기' 교육은 또 다른 나를 찾는 시간이었다. 스스로 이상하다 할 만큼 재미와 즐거움을 느꼈다. 내 필요에 의해 선택하고 결정했기 때문만은 아니었다. 그동안 잠자고 있던 숨은 재능을 찾은 느낌 때문이다.

지금 나는 퇴직 후, 첫 번째 꿈을 이루는 길에 있다. 물론 '작가'가 되고자하는 내 꿈에 대한 두려움도 있다. 하지만 행동이 마음속 두려움을 치료해주었다.

결국 나는 '퇴직 후, 내 느낌, 생각, 경험을 담은 책'을 출간계약 하게 되었다. 작은 기쁨을 가질 수 있었다. 내 책이 '퇴직'이라는 주제에 관심 있는 직장인들과 초보 퇴직자들, 그 가족들에게. 작은 도움이 되기 바라는 마음으로 정성껏 글을 쓰고 있다.

또 하나의 나의 도전은 '중국 비즈니스 구축'이다. 이 역시 오랫동안 간직한 꿈이었음을 발견하였다. 솔직히 무엇을 어떻게 해야 할지 모른다. 하지만 나는 도전할 것이다.

어느 날 중국어 인터넷강의를 열심히 듣는 나를 본 아내가 한심하다는 듯 말했다.

"난 당신이 이해가 안돼요. 지금 중국어 공부할 때에요. 뭐든 빨리 일을 구하는 것이 중요한 거 아닌가요? 수입은 없고 써야 할 곳은 많고, 말은 안하지만 내 속은 바짝 타들어가고 있어요. 중국어 공부하면 뭐가 달라져요? 여태 공부했어도 안 되었잖아요."

아내의 차디찬 말에 난 아무 말도 할 수 없었다. 아내의 말이 틀리지 않은 것을 알고 있기 때문이다. 꼬박꼬박 들어오던 급여가 끊긴 상태가 길어질수록 나보다 더 불안해하는 아내의 마음이 느껴졌다.

뭐든지 맨 처음이 제일 힘든 법이다.

언제가 아내도 내 마음을 이해줄 것이다. 지금도 나는 중국어 공부를 한다. 하루 두 시간이상 중국어에 투자한다. 왜냐하면 내겐 꿈이 있기 때문이다. 꿈을 이루는 도전이기 때문이다.

물론 공부만 하는 것은 아니다. 중국 전문가와 만나고 중국세미나도 참석한다. 새로운 도전의 초석을 다져나가는 중이다. 행동하지 않으면 아무것도 얻을 수 없다는 것을 잘 알고 있기 때문에 꿈의 힘을 믿고 달려갈 뿐이다.

나는 많은 생각과 고민 끝에 인생 2막의 키워드로 '책'과 '중국' 두 가지를 선택했다. 앞으로 집중적으로 부딪쳐 나갈 도전과제다. 이젠 집중할 것을 결정했기 때문에 두렵지 않다.

회사원에겐 '퇴직'은 평등하다. 시기만 다를 뿐 언젠가 경험해야 한다. 하지만 '퇴직'은 내겐 새로운 기회로 다가왔다. 나만 그런 건 아닐 것이다. '예비퇴직자', '초보 퇴직자' 모두 해당된다. 계속 걱정한다고 상황이 바뀌지 않는다. 걱정할 시간에 몸을 움직여 보자. 생각에 따라 결과는 달라지는 것이다.

사람 일이란 모르는 것이니 실패를 할 수도 있다. 하지만 실패도 인생의 경험이고 어떤 경험도 유용하지 않은 것은 없다. 실패를 너무 두려워하지 말자. 실패는 반성하고 개선하기 위해 있는 것이니까.

대신 아무도 꺾지 못할 의지와 열정을 가져보자. 성공으로 가는 길의 핵심이다. 아무쪼록 '퇴직'을 경험하고 있는 모든 분들과 공유하고 싶은 말이다.

"자신의 새로운 꿈을 만들어 보십시오. 하지 말아야 할 것은 하지 않은 것도 성공입니다. 자신이 집중해야 할 것이 아닌 것에는 매달리지 마십시오."

08장
퇴직선배들의 제2의 삶,
도전 스토리

필자와 함께 근무하고 2015년에 명예 퇴직한 부장 4분의 새로운 삶, 도전 스토리를 소개한다. 재취업(협력회사/외국회사) 성공한 두 분, 창업(체인점/개인사업)에 도전한 두 분의 이야기다.

재취업, 새로운 도전

김○○ 이사 (주)진성티이씨 신사업 개발팀

(주)진성티이씨는 1982년도에 설립된 건설 중장비 부품을 제조하는 회사다. 국내 굴삭기 대표업체인 두산 인프라코어의 우수협력사이며 일본 히다치(HITACH)사와 미국의 캐터필러(CATERPILLER)사로 수출을 하는 글로벌 강소기업이다.

경기도 성남 분당구 판교사무실로 김 이사를 찾은 것은 8월 마지막 금요일이었다. 김 이사는 금년 1월 (주)진성티이씨에서 새로운 도전을 시작했다. 그는 두산인프라코어에서 가공, 소재 부품 구매팀장으로 근무하다 2015년 9월 명예퇴직 했다. 두산 인프라코어의 근무경력은 불과 4년 3개월이 전부다. 이전에는 두산 상사부문과 주류부문을 거쳐 롯데 주류부문에서 근무했다. 해외영업을 하다 구매담당 팀장으로 변신한 특이한 경력을 가졌다. 김 이사에게 퇴직에서 재취업까지의 이야기를 들어보았다.

편안한 대화를 위해 회사 부근 커피전문점으로 자리를 옮겼다. 나는 웃으며 이야기를 꺼냈다.

최 차장 : 김 이사님. 오랜만입니다. 아주 좋은 곳에 회사가 있네요. 판교에 회사가 있을 줄 몰랐네요. 제조업체는 거의 지방에 있다고 생각했거든요.

김 이사 : 맞습니다. 저희도 본사는 경기도 평택에 있습니다. 1공장, 2공장도 그곳에 있지요. 제 일이 신규사업 개발이다보니 판교사무실에 있게 되었어요. 근처에 IT기업이 많아 그런 생각을 할 수 있어요.

주문한 아이스커피가 나와 카운터에서 가지고 와서 다시 이야기를 나누었다.

최 차장 : 이번에 제가 '퇴직'을 주제로 책을 쓰고 있습니다. 퇴직하시고 재취업을 하신 분들의 도전 스토리를 담아보려고 이사님을 찾아왔어요. 이사님의 '재취업 스토리'가 퇴직 후 힘든 분들에게 희망의 메시지가 될 수 있도록 아무쪼록 생생한 경험담을 말씀해주세요. 그렇다고 너무 부담 갖지 마시구요.

김 이사 : 그러니까 오히려 부담이 되네요. 사실 개인적으로 재취업은 성공이라고 볼 수 없어요. 저희 나이에는 창업이 오히려 맞지요. 재취업은 또 다른 조직에 대한 도전일 뿐이지요.

최 차장 : 겸손의 말씀입니다. 퇴직이후 방향을 잡지 못하는 사람들이 많습니다. 그런 분들께는 재취업도 성공한 것일 수 있지요.

우선 이사님은 회사에서 명예퇴직 통보받았을 때 느낌이 어땠나요?

김 이사 : 저는 이전에도 이직 경험이 있었죠. 하지만 그땐 제 스스로 회사를 나왔고 지난해 명예퇴직을 통보받은 것은 자의가 아니죠. 그러니 느낌이 다르죠.

처음엔 좀 멍한 상태였던 것 같아요. 저는 항상 회사가 나를 필요하지 않다고 판단하면 언제든 나간다는 생각을 했었어요.

'지금이 그때일 뿐이다.'라는 생각을 하였죠.

최 차장 : 그랬었군요. 퇴직 후 생활은 어떠셨나요? 처음부터 재취업 생각하셨나요?

김 이사 : 아닙니다. 저는 회사생활 대부분 해외영업을 했습니다. 그래서 퇴직을 하고 한 달 반 정도 무역업을 하려고 사업계획서를 만들며 준비했죠.

사실 중국에 원자재를 수입하는 사업을 하려고 준비를 많이 했지요. 그동안의 경험, 지식, 네트워크, 자본이 사업을 할 정도로 준비되었다고 생각했죠.

최 차장 : 준비를 열심히 하셨다고 했는데 왜 창업이 아닌 재취업을 선택하셨나요?

뭔가 심적인 변화가 있었던 건가요?

김 이사 : 무역업 창업을 준비하면서 한 가지 놓친 것이 있었어요. 앞에 말한 경험, 지식, 네트워크, 자본 외에 환경도 고려해야 한다는 것을 나중에 알게 되었지요. 창업 준비에 문제점을 발견한 거죠. 그러면서 창업에 대한 자신감이 떨어졌던 것 같아요.

최 차장 : 그래서 재취업으로 방향을 전환 했군요. 그럼 재취업 과정도 말씀해주세요.

구직활동은 많이 하셨나요? 지금 회사는 이전 회사의 협력사로 알고 있어요. 협력사를 선택한 이유가 있으신지요?

김 이사 : 회사를 퇴직하면서 협력사 대표들에게 메일로 퇴직인사를 드렸습니다. 그랬더니 몇 몇 협력사에서 함께 일하자는 제안을 받았지요. 하지만 정중하게 거절했습니다. 왜냐하면 협력사에서 제가 필요한 이유를 잘 알고 있었기 때문이죠. 하지만 지금 근무하는 회사는 달랐습니다. 새로운 사업 개발을 맡아달라고 했죠. 또 제 생각에 해외영업을 했던 경험들을 살릴 수 있다는 판단을 하였죠. 그러다 보니 구직활

동은 많이 하지 않았네요.

최 차장 : 결국 지금 다니시는 회사는 과거 구매경력보다 해외영업 경력을 더 높이 평가한 거네요. 그럼 이제 퇴직을 앞둔 후배들을 위해 한 말씀 해주세요.

김 이사 : 퇴직하고 준비하는 것은 늦습니다. 자기 전공이 무엇인지 충분히 생각해야 합니다. 회사 다닐 때 전문성과 다양성중 하나는 가져야 합니다. 다시말해 자기 분야 전문 지식을 가지든 아니면 다양한 업무를 섭렵할 필요가 있어요. 그리고 인적 네트워크 구축도 중요합니다.

마지막으로 언제 퇴직하더라도 어느 정도 버틸 수 있는 재테크에 신경을 써는 것도 중요하겠네요.

최 차장 : 좋은 말씀이네요. 혹 퇴직 후 아직 재취업이나 창업을 결정 못한 분들에게 한 말씀 해주신다면.

김 이사 : 퇴직 후 6개월은 골든타임입니다. 재취업이든 창업이든 6개월은 직장생활 하는 것처럼 충분히 많은 사람들을 만나고 많은 생각을 하는 중요한 시기 인 것 같아요. 그러면서 자신의 방향을 잡을 수 있으면 좋겠죠. 이것도 안 되고 저것도 안 되니 이걸 한다는 것은 아닌 것 같아요. 물론 6개월이 지났다고 끝은 아닙니다. 필요하면 계속 이어나가야겠죠.

최 차장 : 퇴직 후 6개월은 골든타임이라는 말씀에 공감이 갑니다. 하지만 대부분 퇴직자들은 방향을 잡는데 훨씬 많은 시간이 필요한 것 같습니다. 때문에 본인도 힘들지만 가족들도 힘든 경우가 많은 것 같아요.

김 이사 : 가장 중요한 이야기일 수 있어요. 명예퇴직을 당한 경우는 가족과 충분한 소통이 안 된 상태인 경우가 많을 거예요. 퇴직자 아내들은 정신적으로 많이 힘들고 실망을 많이 하게 되죠. 경제적인 이유로 서로 충돌할 수도 있지요. 하지만 아내가 내색하지 않고 이전처럼 퇴직한 남편을 대해준다면 큰 도움이 될 수 있습니다. 자신의 길을 찾는데 큰 힘이 될 수 있다는 것을 아시고 힘이 되어 주셨으면 합니다.

최 차장 : 긴 시간 내주셔서 감사해요. 아무쪼록 새 직장에서도 건승하

시기 바랍니다.

인터뷰를 마친 김 이사는 다시 사무실로 향했다. 미국으로 보낼 메일을 써야 한다고 했다. 자신의 능력을 인정받아 새 직장에서, 새로운 일을 하는 김 이사가 부러웠다. 이전에 보여준 그의 성실함과 추진력이 결국 재취업할 수 있었던 강력한 무기였다는 것을 알 수 있었다.

최○○ 이사 P사(글로벌 해외 Top 25 부품제조사) 구매팀

2015년 연말 명예퇴직한 최 ○○이사를 만난 날은 한글날을 하루 앞둔 주말이었다.

인터뷰를 하기로 한 부천 상동역 근처 스타벅스에 먼저 도착해 기다리며 윈도우 밖에 펼쳐진 가을 풍경을 감상했다. 약속시간보다 15분정도 늦게 도착한 최 ○○이사는 반가워하며 악수를 청했다.

최 ○○이사는 GM자동차에서 두산 ○○ ○○○로 2009년도에 이직을 했다. 자동차회사에서부터 부품구매 바이어, 구매기획, 구매원가를 두루 거친 구매전문가였다. 현재는 프랑스계 자동차부품(신소재 플라스틱 연료탱크), 플라스틱 부품 제조하는 회사의 구매 이사로 재직중이다.

외국계 회사의 구매를 담당하는 이사로 재취업에 성공한 최 ○○이사의 이야기를 들어보았다.

최 차장 : 최 이사님. 어서 오세요. 좀 늦으셨네요. 덕분에 조용히 거리의 가을 풍경을 잘 구경했네요.

최 이사 : 미안해요. 많이 기다렸어요. 오늘 마침 옛 팀원들과 만나기로 해서 겸사 겸사 여기서 보자고 했는데 내가 늦어버렸네요.

그래 최 차장은 책 다 썼나요?

최 차장 : 예. 이제 마무리 단계입니다. 이사님과 인터뷰한 내용까지 정리하면 탈고하게 될 것 같아요. 마지막 인터뷰이니 잘 부탁드립니다. 이사님.

최 이사 : 그러니까 더 미안하네. 다른 사람들 인터뷰는 다 끝났나보네. 평일에는 바쁘다 보니 본의 아니게 늦어졌네요.

최 차장 : 아닙니다. 바쁜데도 이렇게 시간내주시고 인터뷰 응해주신 것도 너무 감사 드려요. 그럼 먼저 회사에서 명예퇴직 통보받았을 때 느낌부터 여쭤볼까요?

최 이사 : 지금도 생생하게 기억이 나네요. 당시 담당 전무님의 호출을 받고 방에 들어갔더니 최고참으로 그 동안 고생했다고 하며 이제 후배들을 위해 명퇴하는 것이 어떠냐는 이야기를 들었죠. 머리속에서 이런 생각이 들었죠. '드디어 이제 내 순서까지 온 모양이구나.'

최 차장 : 혹시 전무님이 섭섭하지 않으셨나요?

최 이사 : 그보다는 이미 두 차례나 구조조정을 했음에도 회사 상황이 호전되지 않은 것이 안타까웠지요.

최 차장 : 저도 그랬어요. 이사님은 퇴직하시고 어떻게 보내셨어요?

최 이사 : 퇴직하고 마음을 비우고 한 달은 가족여행도 가고 드럼도 배우고 운동도 하면서 재충전을 했지요. 그리고 2월부터 이력서도 보강하고 헤드헌터를 통한 구직활동을 했어요.

최 차장 : 5월에 재취업하신 것으로 압니다. 그럼 2월부터 계속 구직활동을 하셨나요? 재취업과정을 들려주시겠어요?

최 이사 : 다행히 지금 다니는 회사와 이야기가 잘되어 3월부터 면접을 보았어요. 외국 회사라 한국 중역, 한국 대표, 아시아 중역, 아시아 대표까지 4단계 심층 면접을 보았지요. 그러니까 5월전까지 계속 면접을 본 셈이네요.

최 차장 : 사실 나이가 50이 넘으면 재취업이 힘든 것이 현실인데 그 벽을 넘으신 거네요. 이사님이 가지신 강점이 유효한 모양입니다.

최 이사 : 그렇다고 해야겠지요. 업무 전문성과 함께 영어가 된다는 것이 아마 큰 도움이 되지 않았나 생각해요.

최 차장 : 그럼 아직 퇴직을 하지 않은 후배들에게 해 주실 조언이 있다면 어떤 게 있을까요?

최 이사 : 이젠 평생직장은 없다고 봐야겠지요. 그렇다면 자기 강점 분

야의 전문성이 필요하고 봅니다. 예를 들면 구매업무를 하고 있는 사람이면 CPSM 자격 취득(국제 구매 전문가)해놓으면 유리하겠죠. 아울러 로컬이 아닌 글로벌로 나갈 수 있는 언어 능력을 갖추면 금상첨화지요. 현직에 있는 상황에서 인맥과 본인의 평판관리도 중요해요.

최 차장 : 아울러 퇴직을 했지만 아직 방향을 잡지 못한 사람들에게 해주실 조언도 부탁드립니다.

최 이사 : 타인의 시선을 의식해서 자신의 강점 분야를 고려하지 않고 아무 회사나 직무에 무턱대고 들어가는 것은 좋지 않습니다. 그러면 결국 악순환이 반복될 겁니다. 시간이 좀 걸리더라도 자신에게 적합한 회사를 신중하게 접근해야할 필요가 있어요. 창업은 실행력과 결단성, 치밀한 준비성을 갖추고 해야 할 것 같아요. 결코 쉬운 일이 아니잖아요.

최 차장 : 그 밖에 또 해주실 말씀이 있다면?

최 이사 : 후배들은 전직도 유연하게 대처하는 것이 필요하다는 생각이 듭니다. 지금 시대는 자신에게 발전할 수 있는 기회가 오면 나이가 조금이라도 젊을 때 과감한 결단을 하는 것도 필요하다고 생각해요.

최 차장 : 이사님. 좋은 말씀 고맙습니다. 새로운 직장에서 어려운 점은 없으세요?

최 이사 : 물론 있지요. 구매인생에서 MRO자재 구매나 물류는 경험이 없었는데 지금은 업무영역에 포함되어 있어요. 새로운 일에 대한 익사이팅한 경험을 하면서 구매 전 부문을 완성하는 중입니다. 앞으로 구매전문가로 마지막까지 일하다가 후배를 육성하고 물러났으면 하는 바램입니다.

최 차장 : 이사님은 잘 하실 겁니다. 건강하시고 말씀 도움이 많이 되었습니다. 감사드려요.

최 이사는 인터뷰를 마치고 퇴직 전 함께했던 팀원들과 만나기 위해 약속 장소로 향했다. 멀어지는 그의 뒷모습을 보면서 함께 생활했던 옛 추억이 새삼 떠올랐다. 다음 달에 새로운 회사근처로 이사도 한다고 했다. 점점 멀어지는 것 같아 아쉽지만 앞으로도 인연을 계속 이어나갈 좋은 선배임에는 틀림없다는 생각을 했다.

창업, 새로운 삶

이○○ 대표 카툰 카페 '놀숲' 이대점

이대 입구에서 카툰 카페를 운영하는 이 ○○ 대표를 찾은 때는 무더위가 연일 계속되던 8월 중순이었다. 카페 문을 열고 들어가니 이 대표는 매장 한 자리에서 누군가와 전화 통화 중이었다. 항상 그랬던 것처럼 깔끔하고 스마트한 이 대표가 반갑게 맞아주며 자리를 권했다.

이 ○○ 대표는 작년 9월 두산 ○○○○○ 구매전략팀 부장으로 명예퇴직을 하였다. 퇴직 후 약 8개월 정도 진로에 대해 고민하고 금년 4월 카툰 카페 체인점인 '놀숲' 이대점을 열었다. 창업한지 4개월이 지났을 뿐이다.

이 ○○ 대표에게 퇴직에서 창업까지의 겪었던 이야기를 들어보았다.

최 차장 : 이 부장님, 아니 이젠 이 대표님이라 불러야 되겠네요. 여전히 깔끔하십니다. 하하. 이제 사업 시작하신지 4개월이 좀 넘었죠. 어때요? 생각하신대로 잘 되나요?

이 대표 : 오랜만입니다. 최 차장님, 아니 저도 최 작가님이라 해야 하나요?

아직은 초반이라 잘 모르겠어요. 하지만 주말과 휴일에는 대기 손님이 있을 정도로 잘 되는 편입니다.

최 차장 : 그래도 잘 되신다니 정말 좋겠어요. 시간이 갈수록 손님이 더 늘어나겠죠. 이 대표님께 퇴직에서 창업까지의 스토리를 들어보고

자 찾아 왔어요. 그냥 부담 없이 이야기 해주시면 감사하겠습니다.

우선 회사로부터 명예퇴직 대상이라고 통보 받았을 때 느낌은 어땠어요?

이 대표 : 명예퇴직 대상자로 처음 통보 받았을 때 솔직히 아무 생각이 없었어요. 하지만 같이 명예퇴직을 한 다른 부장처럼 통보를 받고 하루, 이틀 지나니 갑자기 화가 났어요.

아마 '왜 내가 명예퇴직 대상이지, 무슨 기준으로 대상이 되었나.' 라는 생각이 생기기 시작했나 봅니다.

최 차장 : 공감합니다. 아마 대부분 비슷한 심정이었을 것 같아요.

그럼, 퇴직하고 창업할 때까지 지내온 이야기도 들어볼까요? 역시 힘든 시간을 보내셨겠지요? 창업까지 8개월 정도 걸린 셈인가요? "

이 대표 : 퇴직 후 한동안 쉬면서 여행도 했습니다. 하지만 계속 쉴 수는 없겠다는 생각이 들었죠. 그래서 재취업 하려고 여기저기 이력서를 제출했어요.

제 기억에 아마 백 번도 더 보냈던 것 같아요. 몇 번 면접도 봤죠. 하지만 대부분 연락조차 없었어요. 재취업의 두꺼운 벽을 실감했지요. 참 힘들었던 것 같습니다. 집사람과 부딪치는 일도 많아졌죠. 그래서 창업을 생각하게 되었죠. 하지만 창업도 쉬운 것이 아니었습니다.

주위 모든 사람이 찬성하지 않았으니까요? 모두들 '잘 알아봐야 한다. 신중하게 결정해야한다' 고 걱정만 해줄 뿐이었지요. 하지만 저는 사업이 안 될 경우를 대비한 시나리오를 그려보았습니다. 그리고 창업하기로 결정 했죠.

결국 걱정하시는 부모님을 설득하는데 성공했고 지금 대출 도움도 받았죠. 지금 생각해보면 제 결정이 가장 중요했던 것 같아요.

최종적으로 창업 결심을 하고 나서는 어떤 아이템을 선택할지 고심도 많이 했죠. 창업 박람회에 갔다가 카툰카페 '놀숲'을 만났습니다. 저의 적성에 맞는 것 같아 결정을 했죠. "

최 차장 : 그랬군요. 어려운 시기를 잘 이겨내신 셈이네요.

한 가지 더 질문 드립니다. 아직 퇴직하지 않은 후배들에게 한 말씀해 주 시죠.

이 대표 : 제 생각은 시기가 다를 뿐 누구나 퇴직하게 된다는 점을 말하고 싶어요. 그러면 자신이 회사에 정년까지 남을 수 있는 사람인가를 생각할 필요가 있습니다. 만약 정년을 채우지 못할 것 같다면 40대 초반에 나와 일찍 자기 사업 하는 것이 더 나을지도 모르겠습니다.

힘든 과정이 있긴 하지만 출발이 빠르면 성공할 확률도 더 많아지겠지요.

최 차장 : 좋은 말씀 잘 들었습니다.

이야기를 들으면서 대표님을 보니 얼굴표정이 많이 달라졌어요. 일이 재미있는 모양입니다.

이 대표 : 그렇게 보이나요. 그건 스테레스가 줄었기 때문일 겁니다.

아무래도 회사에서 받은 스트레스, 퇴직 후 일없이 지낼 때 스트레스가 많이 없어졌죠. 제 이야기가 도움이 되었으면 좋겠습니다.

문 밖까지 나와 배웅해주는 이 대표에게 감사의 인사를 하고 나왔다. 매장 안은 늦은 밤 시간인데 꽤 많은 손님이 있었다. 새로운 일을 찾아 제2의 인생을 출발한 이 대표의 사업이 번창하고 순탄하길 바라는 마음을 갖고 기분 좋게 헤어졌다.

최○○ 대표 (주)디아이(DI) 로지스틱 대표

최 대표의 회사는 영등포구 선유로 하우스디 지식산업센터 11층에 있었다.

신축 빌딩 11층에 DI 로지스틱가 최 대표가 창업한 회사였다.

회사에 도착해 사무실에 들어서니 우선 깨끗하고 깔끔했다. 새 회사답게 사무실은 활기가 넘쳤다.

최 대표는 작년 9월 두산 ○○○○○ 해외물류팀장으로 명예퇴직했다.

25년 물류를 담당한 베테랑이었다. 평소 테니스를 좋아하는 최 대표는 작지만 단단한 느낌이었다. 팀장 재직 중에는 강한 추진력이 돋보였던 선배였다.

반갑게 맞아주는 최 대표와 악수하고 회의실에서 그의 퇴직 후 생활을 들었다.

최 차장 : 선배님. 창업하신지 얼마 되지 않았잖아요? 언제 이렇게 멋지게 사무실을 꾸며 놓으셨어요? 정말 대단하십니다.

최 대표 : 뭘요. 아직 멀었죠. 이제 시작인걸요. 최근에 (주)코리아 로지스틱이란 회사를 인수했어요. 그래서 텅 빈 느낌이 없다고 느껴지는 거예요.

최 차장도 잘 지내고 있어요. 글을 쓴다고 들었는데..

최 차장 : 예. 열심히 쓰고 있습니다. 부족하지만 최선을 다 할 생각입니다. 그래서 이렇게 생생한 선배님의 퇴직 후 스토리를 듣고자 찾아왔죠.

최 대표 : 멋진 책 기대합니다. 무엇부터 이야기 할까요?

최 차장 : 선배님, 우선 명예퇴직 통보를 받으셨을 때 느낌부터 부탁드릴까요?

최 대표 : 저는 큰 부담감 없이 받아들인 것 같아요. 나이로 보나 직책으로 보나 구조조정 한다면 명예퇴직대상에서 벗어나기 어렵겠다는 생각이 들었죠. 그렇다고 퇴직 준비를 해 놓지는 않았어요.

최 차장 : 그렇군요. 하지만 막상 명예퇴직 통보를 받으면 화도 나고 '하필 왜 나야' 라는 불만도 생긴다던데. 그러시진 않은 모양입니다. 그럼 퇴직하고 나서 생활은 어땠나요?

최 대표 : 퇴직하고 맨 처음 한 건 한라산 등반을 당일로 다녀온 겁니다. 퇴직 첫 날 의미를 갖고자 저 혼자만의 기념 의식을 치루고 온 거죠.

그리고 저는 실업 상태인 제 모습을 가족들에게 보여주기 싫었습니다. 때문에 바로 창업 준비를 한 셈이죠. 물론 물류회사로부터 스카웃 제의도 받았지만 정중히 거절했습니다. 지금 창업하지 못하면 나중엔 기회가 없을 것 같았습니다. 지금 제 나이가 53세이니 빠른 창업도 아니죠. 제 생각에는 더 늦출 필요가 없다고 판단했어요.

최 차장 : 역시 대단하십니다. 퇴직하고 첫 날 의미를 가지려고 혼자 한라산 등반을 하고 왔다는 것 자체가 평범한 사람이 하는 행동은 아닌 것 같아요. 그리고 스카웃 제시한 회사가 상장사라면 좋은 조건이었을 텐데 과감히 거절하고 창업을 결정하신 것도 쉬운 일이 아닌 것 같습니다.

그럼 선배님. 창업 이후의 생생한 스토리도 들려주시겠습니까?

최 대표 : 창업아이템을 고민해보니 오토바이 배달서비스가 적합하다는 생각을 했습니다. 왜냐하면 줄곧 대기업에서 물류만 해 온 저를 내려놓기 위한 방법이면서 저의 인맥도 활용할 수도 있겠다 싶었지요.

그래서 작년 11월 사업자 등록을 내었습니다. 그러고 보면 퇴직하고 곧장 창업 준비를 한 셈이네요.

최 차장 : 이후에도 계속 사업 아이템을 추가하신 것 같아요.

최 대표 : 맞습니다. 오토바이 배달서비스를 시작해보니 대리운전 역시 같은 시스템인걸 알게 됐죠.

시스템이 같으면 대리운전 회사도 가능하다는 판단을 했죠. 곧바로 명함을 만들어 발로 대리운전 영업을 뛰었습니다. 만나는 사람마다 명함을 돌리고 식당이든 술집이든 가는 곳마다 홍보를 했어요.

최 차장 : 제게도 '감자 바우 대리운전' 명함사진이 있어요. 선배님 이야기를 듣다 보니 배울 점이 한 두 가지가 아니네요.

지금은 그 외에도 하시는 사업이 더 있으시죠.

최 대표 : 그래요. 일단 회사를 만들었으니 수익을 내야 한다고 생각하였습니다. 오토바이 배달서비스나 대리운전으론 부족하다 생각했어요. 그래서 4월에 '화물자동차 운송주선업 허가증'을 구입했죠. 1톤 화물차 운송까지 사업 영역을 넓혔습니다.

그러던 중 알고 지내던 코리아 로지스틱 대표님에게 회사 인수 제의를 받게 되었습니다. 대표님 건강이 좋지 않아 저에게 인수를 제안하신 거죠. 저한테 좋은 기회라 생각했어요. 이젠 규모는 작지만 물류 영역을 모두 커버 할 수 있게 되었습니다.

최 차장 : 짧은 시간에 많은 일을 하신 것 같습니다. 선배님의 생생한 창업스토리 잘 들었습니다.

마지막으로 예비 퇴직자인 후배들과 퇴직 후 진로 결정을 하지 못한 분들을 위한 조언을 부탁드려 요.

최 대표 : 퇴직은 회사원은 누구나 경험할 수밖에 없습니다. 저는 예비 퇴직자께 인맥을 잘 관리하는 것이 중요하다는 말씀을 드리고 싶네요. 제 생각에 남는 것은 사람뿐인 것 같습니다. 회사원의 기본 도리를 다 하는 것도 중요하구요.

그리고 퇴직 후, 혹 창업을 생각하시는 분들에게는 직접 뛰면서 할 수 있는 것부터 시작하는 것이 리스크를 최소화하는 방법이라 말씀을 드리고 싶네요.

최 차장 : 선배님. 긴 시간 내주시고 좋은 말씀 감사드립니다. 아무쪼록 사업 번창하셔서 대박 나시기 바랍니다.

최 대표는 다음 주 중국 출장이 예정되어 식사를 같이 못해 미안해 하다고 했다. 엘리베이트 앞까지 나를 배웅해주고 사무실로 돌아갔다.

인터뷰 시작과 함께 화이트보드에 자신의 이야기를 적는 최 대표는 어쩔 수 없는 비즈니스맨이었다.

'퇴직'은
새로운 기회를 주는
선물이다.

참 많이 힘들고 힘든 시기다.

조선, 해운 산업의 구조조정과 수출 부진 여파로 실업률이 11년 만에 최고수준으로 높아졌다. 여기에 삼성전자, 현대자동차 등 우리 주력 산업의 대표들이 각종 악재에 시달리고 일부 업종은 파업이 장기화될 조짐을 보이고 있다.

여기저기서 구조조정을 하고 있고 해야 한다. 직장을 잃은 사람들이 쏟아져 나온다.

퇴직자 수는 외환위기 수준과 버금가고 퇴직연령은 점점 더 내려간다.

정부 대책은 퇴직자에게 별로 도움이 되지 않는다. 결국 퇴직자 스스로 해결해야한다.

하지만 비관적이지만은 않다.

최근 UN은 평균 수명 100세 시대에 맞는 평생연령 기준을 재정립했다.

미성년(0~17세), 청년(18~65세), 중년(66~79세), 노년(80~99세), 장수노인(100세 이후)로 바꾼 것이다. 새로운 기준에서 퇴직자들은 청년이기 때문이다.

또 이전 퇴직세대와는 달리 정보가 있고 학습의 기회가 있다. 새로운 패러다임에 대해 충분히 준비할 만한 시간적 여유도 있으니까.

나이 오십을 "지천명"이라 했다.

하늘의 뜻을 아는 나이라 한다. 나는 오십에 하늘의 뜻을 아는 것은 고사하고 이제야 내가 하고 싶고, 할 수 있는 일을 겨우 찾았다.

구기 종목은 하프 타임이 있다. 하프타임은 전반전과 후반전을 나누는 것이다.

인생에도 하프타임이 있다. 100세 시대 기준으로 50세는 인생의 전반, 후반을 나누는 하프타임일 것이다. 나는 이제 인생의 하프타임을 맞았다.

하프타임은 왜 있을까?

그건 전반전을 돌아보고 더 나은 후반전을 준비하기 위함이다.

혹 전반전을 제대로 뛰지 못했다 하더라도 하프타임 때 후반전을 잘 뛸 수 있게 선수들을 격려한다. 격려 받은 선수들은 새로운 각오로 후반전을 뛴다.

내 인생도 전반전은 지나갔다.

심판의 휘슬로 전반전이 끝났음을 알려주듯 나는 회사 구조조정으로 명예퇴직이라는 휘슬로 인생의 전반전을 마감했다.

내 인생의 하프타임이 시작된 것이다. 하프타임이 얼마나 길어질지는 알 수 없다.

하지만 인생 후반전이 전반전보다 나아지도록 소중하게 하프타임을 사용할 것이다.

그런 의미에서 '퇴직'은 내게는 새로운 시작을 위해 주어진 선물이다.

찰스 핸디가 쓴 '코끼리와 벼룩'에 이런 내용이 있다.

'조직이라는 거대한 배경을 벗고 자신의 힘으로 홀로 서기 위해서는 누구나 성장통을 겪는다.

지금껏 조직 안에서 돈과 자리를 위해 살았다면, 이젠 삶의 가치를 바꿀 것이다.

그러기 위한 성장통을 겪는 것을 두려워하지 않을 것이다.

내 속에 있는 '본래의 나'를 찾을 것이다. 이젠 기대치를 낮추고 살고 싶다. 그리고 '함께'라는 말과 친해지고 싶다.

그러면 인생2막은 행복할 수 있을 것이다.

아무쪼록 독자 여러분도 '퇴직'이 새로운 기회가 되었으면 좋겠다.

함께 행복한 인생2막을 맞았으면 더할 나위 없겠다.

새로운 삶을 위해 분투하는 모든 '퇴직자'들에게 위로와 격려의 박수를 보낸다.

이 책을 쓰기까지 언제나 중년의 아들을 걱정하시는 사랑하는 부모님, 퇴직한 남편의 꿈꾸기를 묵묵히 지켜봐준 사랑하는 아내 현정과 나의 활력소인 소중한 진우, 서우, 든든한 나의 지원군 동생 병겸과 불치병과 싸우면서도 늘 응원해준 친구 석준환, 작가의 꿈을 도와주신 김병완 작가, 가나출판 식구들에게 고마움을 전하고 싶다.

1. 시니어 구직에 도움이 되는 사이트

워크넷 : http://www.work.go.kr

중소기업청 : http://www.smba.go.kr

창업진흥원 : http://www.kised.or.kr

한국 고용 정보원 : http://www.keis.or.kr

산업인력관리공단 : http://www.hrdkorea.or.kr

2. 시니어를 위한 캠퍼스 :서북50플러스캠퍼스 (http://sb.50campus.or.kr)

50+캠퍼스는 50+세대를 위해 교육과정을 운영하고 일자리 및 창업 지원, 사회참여 지원, 여가와 일상 지원 활동을 펼치는 기관입니다. 그러나 50+캠퍼스는 단순한 교육이나 지원 기관이 아닙니다. 50+캠퍼스는 50+세대의 새로운 인생 모델을 창조하고 지원하는 플랫폼입니다. 50+세대가 매일 매일 모이고, 하루를 보내고, 함께 배우며 스스로 만들어가는 아지트입니다. 다양한 주체들이 경험을 나누고 소통하는 광장입니다. 50+세대가 새로운 일상의 리듬을 설계하는 공간입니다.

▶ 교육과정

인생재설계학부/ 커리어 모색 학부/ 일상기술학부/기획과정

▶ 상담, 정보

50+상담센터 운영/ 50+ 컨설던트 양성 및 관리

▶ 활동지원

50+ 커뮤니티 지원/ 동문회 지원/ 활동 연계

▶ 일자리, 창업

50+ 앙코르 펠로우십/서울시 보람 일자리/창업, 창직 지원/ 공유사무실 운영

▶ 지원사업

시설대관/ 온오프라인 뉴스레터 등

[출처] 서북50플러스캠퍼스 소개

3. 정부 창업 지원제도

1) 창업진흥원(http://www.kised.or.kr)

▶ 창업아카데미

대학생들에게는 창업 강좌 및 창업동아리를 지원하고 일반인, 예비창업자에게는 실전창
업교육, 성공 CEO와의 멘토링, 네트워킹을 제공

▶ 시니어 기술창업 지원

시니어가 보유한 경력, 네트워크, 전문성을 활용하여 성공적인 기술 창업을 할 수 있도
록 지원

▶ 1인 창조기업 비즈니스 센터

인 창조기업에 대한 인프라 제공(사무공간 제공 등) 및 비즈니스 창출, 지식서 비스 거래 지원, 경영지원(전문가 자문, 교육 등)비용을 지원하여 사업 활성화 제고

▶ 1인 창조기업 마케팅 지원 사업

마케팅 능력이 부족한 1인 창조기업에 대한 맞춤형 마케팅 지원을 통해 보유 지식의 사업화 역량을 강화

▶ 창업맞춤형사업

사업의 가능성이 높은 창업자를 주관기관과 연계하여 발굴, 육성하는 맞춤형 프로그램 시행

▶ 창업도약 패키지 지원 사업

3 ~ 7년 이내 창업기업의 사업화과정에서 직면하는 어려운 시기를 함께 극복 하기 위한 지원 프로그램

▶ 글로벌 창업 활성화

글로벌 성공 가능성이 높은 혁신 서비스와 기술력을 보유한 예비창업자 또는 창업기업을 대상으로 국내연수 및 코칭, 현지 보육 등을 지원하여 글로벌 성공 창업기업으로 육성

2) 서울시산업진흥원(http://www.sba.seoul.kr/kr)

▶ 장년창업센터

장년 예비창업자 맞춤 지원으로 성공 창업을 유도하고 전문직 은퇴자를 재능 기부형 창업컨설턴트로 양성하여 사회활동 지원.

3) 중소기업진흥공단(http://hp.sbc.or.kr)

▶ 중소기업창업지원 자금

우수한 기술력과 사업성은 있으나 자금력이 부족한 중소벤처기업의 창업을 활성화하고
고용창출을 도모

▶ 재도약 지원 자금

재창업 자금 지원, 재기 컨설팅 지원, 사업전환 지원

4) 소상공인시장진흥공단(http://www.semas.or.kr)

▶ 소상공인 사관학교

성장가능성이 높은 유망 아이템을 중심으로 예비 창업자를 선발하여 이론교육, 점포경영
체험, 창업멘토링을 패키지로 지원

▶ 소상공인 창업자금 지원

성장유망형 창업 초기 소상공인에 성장기반 및 경영안정을 위한 정책 자금 지원

▶ 소상공인 특화 자금 지원

숙련기술 기반의 소상공인이 필요로 하는 장비 도입, 경영안정 등에 필요한 정책 자금 지
원

▶ 상권정보시스템

창업예정지의 점포현황, 인구구성, 주거형태, 임대시세, 매출정보 등 49종 상권분석 정보
제공

▶ 소자본 해외창업 지원

과밀화된 국내 자영업시장의 돌파구 마련과 청장년층의 일자리 창출을 위해 신흥개 도국
및 아시아권국에서 창업교육지원

5) 한국사회적기업진흥원(http://www.socialenterprise.or.kr)

▶ 사회적기업가 육성사업

사회적기업 창업을 희망하는 사람들에게 창업비용, 창업공간, 멘토링 등을 제공 하여 사회적기업 창업을 지원하는 사업

6) 신용보증재단중앙회(http://www.koreg.or.kr)

▶ 시니어창업특례보증

시니어가 창업을 촉진,지원하여 일자리 창출 및 서민생활 안정도모를 위해 지원

7) 기술보증기금(http://www.kibo.or.kr)

▶ 예비창업자 사전보증

우수기술 보유 예비창업자의 창업자금 조달 가능성을 준비단계에서 예측가능 하도록 하여 준비된 창업을 통해 성공창업 지원

8) 신용보증기금(http://www.kodit.co.kr)

▶ 1인 창조 키움보증

창의성과 전문성을 갖춘 1인 또는 5인 미만의 공동사업자가 상시근로자 없이 영위하는 중소기업에게 보증 지원

9)중소기업 재도전종합지원센터(http://www.rechallenge.or.kr)

▶ 재도전 성공패키지

사업계획을 보유한 우수(예비) 재도전기업인을 발굴하여 실패원인 분석 등 재도전 교육과 재창업 사업화를 지원